Andreas Krohberger | Markus Polinski

Die Verführung des Schweinelendchens

Andreas Krohberger
Markus Polinski

Die Verführung des Schweinelendchens

Wie man mit Kochkunst die große Liebe findet oder seinen Partner neu erobert

Nach einer Idee von Steve Fraulob
Mit Illustrationen von Gisela Pfohl

Andreas Krohberger, geboren 1952 in Schorndorf. Als Redakteur bei den Stuttgarter Nachrichten und Ressortleiter beim Zeitungsverlag Waiblingen konnte er seine Menschenkenntnis ebenso schulen wie als Vater dreier Kinder. Er lebt in Winterbach und hat gemeinsam mit anderen Autoren Bücher zu heimatgeschichtlichen Themen, Wein- und Kochbücher sowie ein Kinderbuch veröffentlicht.

Markus Polinski, Jahrgang 1965, ist gebürtiger Remstäler und dekorierter Küchenmeister. In seinem Restaurant mit Landhotel, dem »Lamm« in Remshalden-Hebsack, pflegt er eine leichte Gourmetküche mit regionaler Bodenhaftung. Polinski ist verheiratet und hat zwei Söhne.

1. Auflage 2012

© 2012 by Silberburg-Verlag GmbH,
Schönbuchstraße 48, D-72074 Tübingen.
Alle Rechte vorbehalten.
Umschlaggestaltung:
Anette Wenzel, Tübingen, unter Verwendung
einer Zeichnung von Gisela Pfohl.
Druck: Freiburger Graphische Betriebe, Freiburg.
Printed in Germany.

ISBN 978-3-8425-1201-6

Besuchen Sie uns im Internet
und entdecken Sie
die Vielfalt unseres Verlagsprogramms:
www.silberburg.de

Inhalt

Vorwort 8

Typ: Das feminine Schweinelendchen 12
Wohlerzogen und immer korrekt

Kalbsfiletmedaillons mit Steinpilzsauce,
handgeschabten Spätzle und Kopfsalat 15

Typ: Das berechnende kleine Schweinelendchen 18
Jung, sportlich, karrierebewusst

Maispoulardenbrust auf Spinatsalat
mit Balsamico 23

Typ: Der rustikale Rostbraten 24
Einer zum Anlehnen

Rinderfilet mit Speckböhnchen
und Kartoffelrösti 27

Typ: Der kreative Fisch 30
Risikobereit und gut informiert

Wallerfilet in der Meerrettich-Brotkruste
auf Blattspinat und Violettekartoffeln 33

Typ: Der wilde Jäger 36
Naturverbunden und ursprünglich

Wildhasenkeule mit Schupfnudeln
und Feldsalat 39

Typ: Die erdverbundene Saisonale 42
Weltverbesserer und Esoteriker

Stangenspargel mit Sauce hollandaise,
Kräuterflädle und luftgetrocknetem Schinken 45

Typ: Der modische Angeber 48
Immer wichtig unterwegs

Sushi-Variationen 51

Typ: Der bodenständige Regionale 54
Kernig und am liebsten zu Hause

Süddeutscher Typ | Sauerbraten
mit Semmelknödel und Preiselbeeren 57
Norddeutscher Typ | Labskaus 59
Hefekuchen mit Zwetschgen 61

Typ: Die aufgeklärte Vegetarierin 64
Zarte Seele, Löwenherz

Scharfe Gemüsesuppe und Auberginenlasagne
mit Ziegenkäse und Tomatensugo 67

Typ: Der sehnsüchtige Süße *72*
Auf der Suche nach Geborgenheit

Dampfnudeln mit hausgemachter Vanillesoße
und Birnenkompott *75*

Typ: Der oberscharfe Macho *78*
Ein gutartiger Masochist

Rumpsteak mit Ofenkartoffeln
und Chiliöl *81*

Typ: Der liberale Feinschmecker *84*
Geld spielt keine Rolle

Stopfleber, Branzino auf Rucolasalat,
Morchelrisotto, Perlhuhnbrust, Crème brûlée *87*

Wie dieses Buch entstand *94*

Vorwort

Bei Tisch und im Bett sind die Menschen recht verschieden. Doch Essen und Lieben sind auch eng miteinander verwoben. Nicht ohne Grund hat man sich zum Fressen gern und weiß: Liebe geht durch den Magen. Schon mit der Muttermilch empfangen wir gleichzeitig Wärme, Liebe und Nahrung. Unser ganzes folgendes Leben lang nehmen wir mit den Lippen Nahrung auf und liebkosen wir den Partner mit den Lippen. Essen und Lieben sind nicht nur zweckorientiert, sondern auch sehr sinnlich.

Natürlich sind unsere Nahrungsmittelvorlieben auch kulturell bedingt. Der Europäer tut sich mit gerösteten Ameisen schwer, dem Inder graust es vor Kalbshaxen und manchen Erdenbewohnern wird es schlecht, wenn sie uns Drüsenprodukte wie Milch trinken sehen. Aber unsere Vorlieben sind auch ein Ergebnis unserer Individualität und als solche heimliche Verräter, die unser Innerstes demjenigen entlarven, der die Zeichen richtig zu deuten weiß. So hat die Wissenschaft herausgefunden, dass Fastfood-Liebhaber häufig für Atomkraftwerke und gegen Drogen sind, Feinschmecker dagegen kulturell interessiert und liberal im politischen Denken. Vegetarier sind oft auch Pazifisten, Diätbewusste sind hektisch und haben immer ein schlechtes Gewissen. »Man ist, was man isst«, sagte der Philosoph Ludwig Feuerbach.

Weil nun Essen und Liebe so sehr miteinander verbandelt sind, und weil man doch bei der Suche nach einem dauerhaften Partner gar nicht sorgsam genug vorgehen kann, sollte man sich auch intensiv mit Essgewohnheiten befassen. Mit den eigenen und denen des Wunschpartners. Nicht nur erhält man dadurch höchst interessante Aufschlüsse über den jeweiligen Charakter, man weiß auch, wie man ihm oder

ihr am besten essenstechnisch imponieren kann. Denn eine Einladung nach Hause zum selbst gekochten Essen ist zwar Wertschätzung pur, aber auch voller Tücken. Da tischen Sie fröhlich ein blutiges Steak auf – aber Ihr neuer Traum ist Vegetarier! Oder sie ist eine Süße, und Sie kommen mit Sushi daher. Oder Sie servieren einer BWL-Studentin einen Salat mit Sahnedressing: absolut tödlich! Dann sind Sie getrennt von Tisch und Bett, noch bevor Sie dieselben miteinander geteilt haben.

Erfahrene Köche, die ihre Gäste kennen, wissen bald, wer sich hinter dem Hummer, der Ente oder hinter dem Schweinelendchen verbirgt. »Sage mir, was du isst, und ich sage dir, wer du bist«, hätte man dieses Buch auch überschreiben können. In Süddeutschland gibt es gängige Gerichte wie Schweinelendchen oder Schweinerücken mit Pilzsauce oder eben auch den berühmten Rostbraten. Durch jahrelange Erfahrung im Restaurant hat sich gezeigt, dass es immer dieselben Typen von Menschen sind, die Schweinelendchen oder Rostbraten bestellen. Bemerkenswerterweise sind nahezu neunzig Prozent der Personen, die ein Schweinelendchen bestellen, ganz anders geartet als jene, die ein kleines Schweinelendchen bestellen – obwohl es dasselbe Gericht ist! Und glauben Sie uns: Das liegt nicht nur am kleineren Hunger!

So charakterisiert dieses Buch die Esstypen, wie sie in der gehobenen Gastronomie vorkommen. Und es gibt darüber hinaus Tipps, wie man diesen Typen mit einem guten Essen imponiert. Damit Sie wissen, was Sie tun, wenn Sie jemanden zu sich zum Essen einladen! Damit dieser Mensch Sie nie wieder verlässt. Jedenfalls, solange Sie es nicht ausdrücklich wünschen. Und falls Sie Ihren Traumpartner schon längst gefunden haben und wissen, welchen Typ Sie da am Tisch sitzen haben, dann überraschen Sie ihn doch mal mit einem Gericht, wie wir es Ihnen in diesem Buch vorstellen. Oder stellen Sie sich gemeinsam in die Küche – als ein durch den Magen gehendes Vorspiel!

Vielleicht erkennen Sie aber auch schon nach unserer Ess-Typisierung, dass Ihr Traum leicht zum Alptraum werden könnte. Weil im Leben nicht zusammengehört, was am Tisch nicht zusammenpasst. Dann verkehren Sie künftig besser nur noch in solchen Lokalen, wo man Ihre eigene Lieblingsspeise serviert. Vielleicht klappt es ja dann …

Noch eine Nachbemerkung: Haben Sie schon mal einen Arzt im grünen Kittel rufen hören: »Ist der Blinddarm noch auf Station?« Wundern Sie sich nicht! Der Chirurg fragt nur bedingt nach dem Wurmfortsatz an sich, sondern nach dem Menschen, der da dranhängt. Denn unter Krankenhausärzten haben Patienten keine richtigen Namen. Sie heißen nicht »Herr Müller« oder »Frau Meier«, sondern der Übersichtlichkeit halber nach ihrem Leiden: »Die Leber von

Zimmer zwei macht Probleme.« Oder: »Wo zum Teufel ist der Mundbodenabszess?«

Auch die Köche, ebenfalls vorwiegend mit fleischlichen Dingen befasst, reduzieren den Gast gerne auf das Wesentliche: auf seine Bestellung. Da heißt es dann gereizt: »Die Kutteln von Tisch eins wollen extra Essig.« Oder schicksalsergeben: »Die Leber vom Ecktisch will den Küchenchef persönlich sprechen.« Und weil wir in diesem Buch die Menschen auf Typen reduzieren, haben wir auch hier die Essenden mit der Speise gleichgesetzt und charakterisieren sie als »Rostbraten« oder eben als »Schweinelendchen«.

Natürlich isst nicht jeder Mensch unentwegt dieselbe Speise. Wahrscheinlich haben Sie sich, liebe Leserin, und auch Sie, lieber Leser, schon fast jede der in diesem Buch genannten Speisen schmecken lassen. Wenn wir also anhand der Lieblingsspeisen Typen herausgearbeitet haben, dann sind damit Menschen gemeint, die zwar alles Mögliche mit Genuss verspeisen, aber ihren Schwerpunkt beim Essen doch auf die eine oder andere Speise legen und immer wieder auf diese zurückkommen. Und natürlich müssen Sie bei diesem Buch auch das Augenzwinkern mitlesen, mit dem wir es geschrieben haben …

Andreas Krohberger
Markus Polinski

Das feminine Schweinelendchen

Wohlerzogen und immer korrekt

Schon eine ganze Weile beobachten Sie die schlanke, gut angezogene Dame, die mit einem Schwall anderer Leute in das kleine Restaurant eingefallen ist. Die laute Fröhlichkeit der leicht angeschickerten Gesellschaft ist ihr unangenehm und ganz offensichtlich versucht sie, sich von diesem ziemlich überdrehten Haufen wenigstens innerlich zu distanzieren. In ihrer gepflegten Kleidung, dem dezenten Make-up und ihrer stillen Zurückhaltung passt sie so gar nicht in die ausgelassene Runde. Wahrscheinlich hat eine Freundin sie mitgenommen, und nun bereut sie schon, dass sie sich darauf eingelassen hat.

Nachdem der Kellner sie zweimal übersehen hat, bestellt sie sich endlich ein Glas stilles Wasser und ein Schweinelendchen mit nichts außer einem kleinen Beilagensalat. Irgendetwas an dieser inmitten lauter geselliger Menschen sehr einsamen Dame berührt Ihr Herz. Über die groben Scherze am Tisch kann sie nicht lachen und wahrscheinlich versteht sie die eher plumpen Anspielungen gar nicht, über die sich alle köstlich amüsieren. Sie ist sehr für sich, wie gefangen unter einer Käseglocke inmitten Gekicher und Geschrei. Langsam und sorgfältig schneidet sie ihr Fleisch, isst in kleinen Häppchen und legt ihr Besteck schließlich sauber auf fünf Uhr. Und was jetzt? Die anderen sind nach Sekt und Wein inzwischen beim Schnaps gelandet und fangen an, über Nichtanwesende herzuziehen. Sie aber lächelt nur fein, tupft sich die Lippen an der sauber gebliebenen Serviette, nippt an dem stillen Wasser, von dem sie nur wenig getrunken hat, und schaut etwas ratlos im

Restaurant herum. Am liebsten würde sie jetzt gehen, aber das erlaubt ihre Höflichkeit nicht und Fragen dazu will sie schon gar nicht beantworten.

Ihre Hilflosigkeit ist rührend und Sie beschließen, sich ihrer anzunehmen. Als ihr Schal von der Stuhllehne zu Boden gleitet, sehen Sie Ihre Chance und reichen ihr das blasslila Seidentuch mit Ihrem charmantesten Lächeln. Der Platz neben ihr wird unversehens frei und sie wirkt etwas überrumpelt, als Sie sich ohne viel Federlesens niederlassen. Doch ist sie interessiert – jedenfalls, wenn es Ihnen gelingt, eine gepflegte Unterhaltung zu führen. Essen ist ein gutes Thema und sie traut sich nicht, nein zu sagen, als Sie sie kurzerhand zu einem kleinen Abendessen am nächsten Tag zu sich nach Hause einladen.

»Schweinelendchen« sind gewöhnlich sehr wohlerzogene, sehr schlanke und häufig ein wenig langweilige Damen. Sie kleiden sich gerne in eher gedeckten Farben und wollen vor allem eines nicht: auffallen. »Schweinelendchen« gibt es zwar durchaus auch in männlicher Form, aber meistens sind sie weiblich oder, falls männlich, sehr feminin. Ein Macho wird niemals ein Schweinelendchen essen. Selbst das Wort ist ihm fremd. Aber Vorsicht: Harmlos sind sie nicht. Vor »Schweinelendchen« müssen Sie sich hüten! Diese Menschen sind fast krankhaft in einem absoluten Sicherheitsdenken gefangen. Sie lassen sich auf keine Experimente ein. Auch im Tischgespräch bewegen sie sich stets in ungefährlichem Fahrwasser. Meistens geben sie jedem Recht – vor allem aber dem- oder derjenigen, in dessen Begleitung sie speisen. Denn »Schweinelendchen« kommen nicht in Begleitung – sie selbst sind die Begleitung! An intellektuellen Fragen wenig interessiert, entfalten sie allenfalls einen gewissen bescheidenen Reiz in gehauchten Zustimmungen. Meistens allerdings nimmt man sie kaum wahr bei Tisch. Denn wenn sie tatsächlich mal eine eigene Meinung haben sollten, verschweigen sie diese. Ja, das liebe »Schweinelendchen« will es doch nur recht machen. Am liebsten allen!

Rezeptempfehlung für das feminine Schweinelendchen

Kalbsfiletmedaillons mit Steinpilzsauce, handgeschabten Spätzle und Kopfsalat

Das »Schweinelendchen« verfügt durchaus über eine gewisse stille Erotik. Als »die Frau an seiner Seite« ist es fast die Idealbesetzung. Doch will man das »Schweinelendchen« verführen, muss man es überraschen, ohne das Grundprinzip zu verlassen. Sonst wird es bockig oder gar scheu. Unser Tipp: Wer Schweinelendchen isst, akzeptiert auch Kalbsfilet! Das ist nah beim Ursprung und doch schon ein bescheidener, kleiner Höhepunkt, der freilich im Rahmen bleibt. So kann man Pep reinbringen und das »Schweinelendchen« wertschätzen, denn Kalbsfilet ist deutlich teurer. Das weiß das »Schweinelendchen«. Denn es ist zu Hause recht sparsam und freut sich, wenn seinetwegen Geld ausgegeben wird.

Zutaten

    2 x 160 Gramm Kalbsfilet (vom Metzger)
    50 g getrocknete Steinpilze (oder 100 g frische Pilze)
    50 g Butter
    1 halbe Zwiebel
    50 ml Sahne
    50 ml Weißwein
    Cognac, Mehl, Salz, Pfeffer, Muskatnuss

Für die Spätzle:
    3 Eier
    150 g Mehl
    Salz

Für den Salat:
    1 Kopfsalat (nicht schneiden, sondern zupfen)
    Öl, Essig, Salz, Zucker, Pfeffer, etwas Wasser

Zubereitung | Das Kalbsfilet in vier gleich große Stücke schneiden. Die getrockneten Steinpilze in Wasser oder Weißwein einweichen. Die Pilze dann vorsichtig aus dem Einweichwasser herausnehmen und klein hacken. In einem Topf Butter erhitzen und klein gehackte Zwiebel darin glasig dämpfen. Die Pilze dazugeben und mit Cognac ablöschen. Nun mit etwas Mehl bestäuben. Die Sahne und etwas von der Einweichbrühe aufgießen. Aufkochen lassen und mit Salz, Pfeffer und Muskatnuss abschmecken.

Das Fleisch nun mit frisch gemahlenem Pfeffer und Salz würzen und in Mehl wenden (bleibt dann super saftig), in einer Pfanne mit Fett etwa 5 Minuten von beiden Seiten anbraten und danach noch kurz in den Ofen stellen.

Die Eier mit Mehl und etwas Salz zu einem glatten Teig schlagen. Kein Wasser zugeben! Nun den Teig in kochendes

Salzwasser schaben. Ungeübte können natürlich auch eine Spätzlespresse nehmen.

Die Medaillons auf die Teller legen, die Soße drübergeben und die Spätzle auflegen. Den Kopfsalat mit Kresse oder besser mit Sprossen garnieren. Separat servieren. Sieht schick aus!

Mit Sicherheit ein kulinarischer Höhepunkt im etwas tristen Leben Ihres Gastes.

Getränkeempfehlung | Als Aperitif und zum Empfang servieren Sie einen Likör (am besten rot wie Kirsche, Cassis, Himbeere) mit Sekt aufgefüllt. Das regt die Phantasie an, ist was für kleine Leckermäuler und kann auch von vorsichtigen Naturen akzeptiert werden.

Zum Hauptgang gibt es dann eine Weißburgunder-Spätlese. Nicht zu süß, nicht zu trocken. Am besten einen vom Kaiserstuhl, der schön mollig und sanft ist. Der Weißburgunder passt super zum Kalb und eckt nirgends an – perfekt!

Das berechnende kleine Schweinelendchen

Jung, sportlich, karrierebewusst

Mittagessen in der Kantine eines, sagen wir mal, besseren Betriebes. Es gibt mehrere Speisen zur Auswahl, die auf braungrauen Tabletts von mehr oder weniger freundlichem Personal in mehr oder weniger sauberem Küchendress an der Theke ausgegeben werden. Die Stühle sind ungepolstert, die Tische mit Resopal überzogen. Die Arbeiter sitzen ganz hinten, die Angestellten je nach Abteilung eher in der Mitte, die Manager am Fensterplatz. Das steht zwar nirgends geschrieben, hat sich aber so eingebürgert und wehe, ein Neuer setzt sich an den falschen Tisch. Das macht er nur einmal!

Auch Sie selbst sitzen mit den Kollegen da, wo Sie immer sitzen. Und drüben, am Ecktisch, sitzen, wie jeden Tag, die Abteilungsleiter. Aber etwas ist anders als sonst. Gewöhnlich sind die Herren in Eile, vermeiden den Blickkontakt mit Untergebenen, verschlingen lieblos das Menü »Chef«, machen ein paar magere Bemerkungen, ein paar knappe Gesten, also dann »Mahlzeit« – und das war's. Heute wirken sie merkwürdig aufgeräumt, geben sich betont dynamisch und lachen unnatürlich laut. Tatsächlich: Es werden sogar Witze gerissen! Wir wollen lieber nicht wissen, auf wessen Kosten.

Die Ursache der gekünstelten Atmosphäre ist schnell ausgemacht: Die neue Marketing-Praktikantin ist natürlich blond, natürlich attraktiv und fühlt sich sichtlich wohl im Kreise lauter wichtiger Männer. Auch an den anderen Tischen hat man sie schon bemerkt. Heimliche Blicke

Richtung Ecktisch, die Nüstern geweitet, aha, ein leichtes, kaum vernehmbares Parfüm. Der oberste Knopf der schlichten, weißen Bluse ist geöffnet, zu sehen ist kaum mehr als nichts. Doch aller Augen schielen auf das Dekolleté der sehr jungen Frau, als suchten sie dort eine neue Verheißung. Auch Ihre Augen sind dabei. Der Kollege rechts boxt Sie in die Seite: »Glotz nicht so«, flüstert er, »die gehört dem Chef!«

Zu spät. Der klare Mädchenblick hat sich für den Bruchteil einer Sekunde in Ihrem verhakt, Zufall wahrscheinlich, aber schon haben Sie sich rettungslos in das kleine Stupsnäschen verliebt, in die hellen Augen, die glatte Haut. Sie Armer! Schauen Sie doch lieber auf den karg belegten Teller der Dame: Statt des üppigen Menüs hat sie sich für ein kleines Schweinelendchen entschieden! Natürlich ohne Beilagen! Mager und blass liegt es auf dem Kantinenteller, irgendwie verlassen und sehr, sehr alleine.

Das »kleine Schweinelendchen« ist Hardcore unter den Frauen. Es ist nicht etwa die jüngere Ausführung des »normalen« Schweinelendchens, sondern eine eigene Spezies. Fast immer sind es nämlich junge, hübsche Frauen, die ständig mit wichtigen Leuten unterwegs sind. Eher sportlich gekleidet, sehr dezent geschminkt, immer frisch geduscht, scheinen sie jederzeit eine »Yogurette« aus der Tasche ziehen zu können. Es ist der Typ BWL-Studentin, natürlich figurbetont, der keinerlei Risiko eingeht. Leider auch nicht im Bett, was Sie jetzt dazu bewegen sollte, sofort aufzustehen und ohne sich umzudrehen in Ihrem Büro zu verschwinden. Aber Sie bleiben – und fangen einen zweiten Blick vom »kleinen Schweinelendchen« auf, dieses Mal ein Sekündchen länger. Das kann kein Zufall mehr sein. Offenbar ahnt sie, dass Sie für einen höheren Posten vorgesehen sind. Denn das »kleine Schweinelendchen« gibt sich nicht mit unwichtigen Leuten ab. Es will Karriere machen, und dazu ist ihm alles recht.

Auch eine langweilige Nacht mit einem langweiligen Typen – Hauptsache, er ist wichtig. Sex ist nur ein Mittel zum Zweck für das »kleine Schweinelendchen«, wundern Sie sich daher nicht, wenn sie selbst in intimen Momenten zwischendurch öfters nach der Armbanduhr oder dem Handy schielt. Aber Sie haben sich ja bereits entschieden!

*Rezeptempfehlung für das berechnende
kleine Schweinelendchen*

Maispoulardenbrust auf Spinatsalat mit Balsamico

Das »kleine Schweinelendchen« braucht Unterhaltung im materiellen Sinne, etwas Show und sehr viel Wertschätzung. Denken Sie daran, Ihren Esstisch sehr hochwertig einzudecken, notfalls kaufen Sie schnell noch angesagtes Geschirr – aber nichts Billiges! Ein kleiner, sehr stilvoll gebundener Blumenstrauß schmückt den Tisch. In Reichweite befindet sich eine riesige Pfeffermühle aus Edelstahl.

Den Prosecco haben Sie natürlich schon kalt gestellt. Wenn Sie aber richtig imponieren wollen, servieren Sie Champagner – und das den ganzen Abend! Das »kleine Schweinelendchen« weiß, dass der teuer ist, und wenn es auch nur nippt, genießt es doch die hohe Wertschätzung, die der teure Schampus darstellt.

Über den Spinatsalat mit Poularde wird es sich riesig freuen. Der ist kalorienarm und das arme Mädchen muss kein schlechtes Gewissen haben. Den schönen, frischen Salat versehen Sie direkt am Tisch mit ein paar Spritzern von einem sehr alten, sehr teuren Balsamico aus Modena (das kennt sie). Dazu gehört natürlich auch ein tolles, kalt gepresstes Öl (Ihr übliches Sonnenblumenöl von Aldi haben Sie vorher ganz hinten im Schrank versteckt).

Dann greifen Sie mit großer Geste zur Pfeffermühle. Eigentlich mag das »kleine Schweinelendchen« ja weniger den Pfeffer als vielmehr die edle Pfeffermühle, aber wenn es diesen Aufwand jetzt nicht ablehnt, haben Sie gewonnen!

Verloren haben Sie übrigens, wenn Sie mit einem fetten Sahne-Dressing daherkommen. Dann werden die Lippen schmal, der Abend kurz und Sie können schon mal im Fernsehprogramm blättern.

Zutaten

---

  2   Maispoulardenbrüste
250 g junger Blattspinat
  8   Kirschtomaten
  8   Kapuzinerblüten
 50 ml Olivenöl
 10 ml sehr alter Balsamico
       Salz, Pfeffer aus der Mühle
  2   Zweige Rosmarin

Zubereitung | Die Poulardenbrüste von den Flügeln trennen, mit Salz und Pfeffer würzen und auf der Hautseite scharf anbraten (etwa 3 Minuten). Dann wenden und bei kleiner Hitze 3 Minuten weitergaren.
Frischen Rosmarin draufgeben und für 8 Minuten bei 160°C in den vorgeheizten Backofen geben. Herausnehmen und abdecken.
Den Blattspinat mit Olivenöl, teurem Balsamico, Salz und Pfeffer anmachen. Auf einem schönen, großen Teller anrichten. Aber darauf achten, dass keine Salatsoße auf dem Teller schwimmt, das wäre eine Todsünde!
Die Brust tranchieren und auf dem Spinat adrett anrichten. Mit Kapuzinerblüten und halbierten Kirschtomaten verzieren.

Getränkeempfehlung | Sie empfangen Ihren Traum, bevor es zu Tisch geht, mit einem Glas Champagner. Vor den Augen der Verehrten einschenken, natürlich kein billiges Sektglas, versteht sich. Am besten mit seichter Hintergrundmusik. Champagner den ganzen Abend durchtrinken. Vorsichtshalber eine zweite Flasche kühl stellen.

Der rustikale Rostbraten

Einer zum Anlehnen

Es ist gemütlich im »Alten Rathaus«, die Butzenscheiben schirmen die Blicke ab und der alte Ofen verbullert eine solche Hitze, dass das holzgetäfelte Gasthaus aus allen Poren schwitzt. Vom Stammtisch her dringt Gelächter, ein derber Witz jagt den anderen, das Bier schäumt im Glas. Da kommt er herein: der »rustikale Rostbraten«.

Er ist kein auffälliger Typ. Ein bisschen stämmig vielleicht, ein runder, aber fester Bauch, ein gerader Blick, ein paar Fältchen in den Augenwinkeln. Er strahlt Zuverlässigkeit und Kraft aus, ein Mann, bei dem man ausruhen kann, der die Verantwortung trägt, ohne viel Aufhebens davon zu machen. Mit großem Hallo wird er empfangen, die Stammtischbrüder rücken zur Seite und er nimmt Platz, unaufdringlich, aber mit großer Selbstverständlichkeit. Die Halbe steht schon vor ihm, bevor er bestellt hat, und die Bedienung hat das Wort schon auf den Lippen: »Einen Rostbraten?« Ja, klar!

Es wundert uns nicht, dass dieser Typ Ihnen gefällt. Natürlich ist er nicht der große Verführer, der Held, der seinen schwarzen Hengst nach schneidigem Ritt vor dem Saloon angebunden hat. Er ist auch kein Mann vieler Worte und was die Romantik angeht, so weiß er auf eine naive, nette Art eigentlich überhaupt nicht, was das ist. Aber er ist ohne jeden Zweifel der Mann fürs Leben – für ein langes, gemeinsames, ruhiges und wohl geordnetes Leben. Er? Ja, fast immer ist der »rustikale Rostbraten« ein Mann. Aber es gibt auch Frauen mit dieser Art. Auch sie sind Menschen, bei denen man sich anlehnen kann.

Der »rustikale Rostbraten« ist ein bisschen süddeutsch angehaucht, was man daran merkt, dass er vor dem Hauptgericht ganz gerne noch ein paar Maultaschen zu sich nimmt – schließlich kann er einiges vertragen, essenstechnisch. Aber in Variationen kommt er auch anderswo vor. Er ist natürlich ein Macho – aber nur insofern, als er ganz selbstverständlich davon ausgeht, dass sich in der Firma wie zu Hause alles nach seinen Vorstellungen richtet. Dass es Menschen gibt, die seine Entscheidungen anzweifeln, kann er nicht verstehen. Denn er weiß doch am besten, wie das Leben funktioniert, durch das er wohlwollend und mit festem Tritt schreitet.

Den »rustikalen Rostbraten« treffen wir häufig als mittelständischen Unternehmer, aber auch in Vereinen an, wo er gerne Verantwortung übernimmt und auch zu tragen weiß. Er ist auf natürliche und friedliche Weise konservativ und wählt CDU nicht wegen der Tagespolitik, sondern weil er es schon immer getan hat. Alles Revolutionäre ist ihm ein Gräuel, außer im technischen Bereich, wo durchaus das eine oder andere Patent seinem grübelnden Geist entsprungen sein kann.

Kulinarisch stammt der »rustikale Rostbraten« noch aus der Zeit, als das gleichnamige Gericht noch etwas Besonderes war. Der Rostbraten ist für ihn das Maß aller Dinge und die Gasthäuser seiner Region sortiert er nach Qualität und Preis anhand der von ihm aufgestellten und allgemein anerkannten Rostbraten-Skala. Auch im Ausland sucht er nach ähnlichen Speisen und lieber verzichtet er ganz aufs Essen, bevor er etwas derart »Exotisches« wie etwa einen Lammrücken verzehrt.

Für den »rustikalen Rostbraten« ist die schwäbische Kehrwoche kein Fremdwort, sondern gelebtes Image. Klar, dass samstags das Auto gewaschen oder der Rasen gemäht wird. Tritt der »rustikale Rostbraten« mit Partner oder

Partnerin auf, finden wir häufig das »Schweinelendchen« an seiner Seite. Eine ideale Ergänzung, weil Ordnung für beide einen hohen Stellenwert hat.

Rezeptempfehlung für den rustikalen Rostbraten

Rinderfilet mit Speckböhnchen und Kartoffelrösti

Wollen Sie den »rustikalen Rostbraten« etwas aus der Reserve locken, servieren Sie ihm ein Rinderfilet, weil es vom Fleischtyp her gleich ist, aber hochwertiger. Braten Sie es nicht blutig und nicht durch, sondern medium. In der Pfanne gebraten, wird er den Röstaromen nicht widerstehen können. Dazu servieren Sie als klassische Beilagen Kartoffelrösti mit Blattspinat oder alternativ mit Speck umwickelte Bohnen. Beim Anrichten achten Sie auf eine ruhige Hand, denn der »rustikale Rostbraten«, sei er nun männlich oder weiblich, liebt die Ordnung – auch auf dem Teller.

Zutaten

- 2 x 200 g Rinderfiletsteak (vom Metzger, gut abgehangen)
- 200 g feine Böhnchen (eventuell Nadelbohnen)
- 4 dünne Scheiben magerer Speck
- 250 g festkochende Kartoffeln
- 3 EL Balsamico
- 3 EL Rotwein
- etwas Mondamin, Butter, Salz, Pfeffer, Zucker, Butterschmalz, Muskatnuss
- etwas Fleischbrühpaste

Zubereitung | Die Bohnen werden sauber geputzt, in viel Salzwasser blanchiert und in kaltem Wasser abgeschreckt. Vier gleich große Bündel bilden und mit dem Speck umwickeln. In kleinen Topf geben, mit etwas Butter, etwas Bohnenfond und Pfeffer abgedeckt erhitzen.

Die Kartoffeln schälen, mit der Röstireibe kleinhobeln, mit Salz, Muskatnuss und Pfeffer würzen und in Fladenform drücken. Die Masse in eine heiße, mit Butterschmalz versehene Pfanne geben. Nach etwa 3 Minuten Rösti wenden. Nochmals weitere 6 bis 8 Minuten in der Pfanne auf kleiner Flamme lassen.

Die Rinderfilets werden etwas plattiert, auf beiden Seiten mit Salz und frisch gemahlenem Pfeffer gewürzt und in einer Pfanne scharf auf beiden Seiten 3 Minuten angebraten. Ofen auf 160 Grad stellen und die Filets nochmal 10 Minuten in den Ofen geben. In der Pfanne den Bratensatz mit etwas

Wasser, Balsamico, Rotwein, Brühpaste lösen. Dann leicht mit Mondamin die Sauce andicken und aufkochen lassen.

Die Filets auf vorgewärmten Tellern anrichten. Die kräftige Balsamicosauce darübergeben. Die Bohnenbündel adrett anlegen. (Sie wissen: Ihr Wunschpartner liebt es aufgeräumt!) Das Rösti in vier gleich große Ecken schneiden und ebenfalls auf die Teller legen. Guten Appetit und viel Erfolg!

Getränkeempfehlung | Zum Empfang servieren Sie ein kühles Pils. Zu Ihrem gelungenen Rinderfilet schenken Sie eine kräftige rote Cuvée deutscher Herkunft ein und Sie werden bald merken, dass der Abend in Ihrem Sinne verläuft. Die Cuvée sollte unbedingt Merlot- oder Cabernet-Anteile haben. Das wäre die ideale Verbindung zu den Röstaromen des Fleisches. Tolle Cuvées finden Sie im Stuttgarter Raum oder auch im Remstal.

Der kreative Fisch

Risikobereit und gut informiert

Das Fischrestaurant in dem kleinen korsischen Hafen sah schon von außen so originell aus. Das schiefe Haus, die kleinen Fenster, dahinter die runden, sauber gedeckten Tische mit den schweren Stoffservietten. Eine frische, salzige Böe drückte Sie förmlich hinein in den niedrigen, gemütlichen Gastraum. Und von einem kleinen Tisch am Rande eröffnete sich Ihnen der Blick auf eine fröhliche Gesellschaft. Meeresfrüchte wurden serviert, eine riesige, bunte Platte mediterraner Köstlichkeiten. Wie kam es bloß, dass auch Sie plötzlich an diesem Tisch saßen? Ein Glas fruchtigen Weißweins in der einen Hand und in der anderen – eine fremde Hand?

Der zur Hand gehörende schlanke und sehr attraktive Körper zeugt von regelmäßigen Besuchen im Sportstudio und betont seine sportliche Form durch mit Sorgfalt ausgewählte Markenklamotten, die ganz bestimmt nicht aus dem Versandkatalog stammen. Schick, elegant und männlich sieht Ihre Neuerwerbung aus, mit jenem legeren Touch, der einen Menschen erst interessant macht. Immer wieder kehrt die fremde Hand zu der Ihren zurück, fährt mit dem Finger leicht über Ihr Handgelenk, berührt wie zufällig Ihren Arm, massiert ganz sacht Ihren Daumenballen. Und dann diese direkten, sehr geraden Blicke, die höchstes Interesse signalisieren. Eingehüllt in so viel Aufmerksamkeit reagiert Ihr Körper mit einem heftig klopfenden Herzen und einem leichten Zupfen an sehr geheimen Stellen.

Viel zu schnell verging dieser ausgelassene Abend, jeder ging in sein Hotel und zurück blieb die Erkenntnis: Es war

sein erster Urlaubsabend – und Ihr letzter! Und das feste Versprechen: »Ich melde mich!«

Der »Fisch«, den Sie im Urlaub kennen gelernt haben, geht gerne Risiken ein – auch, aber nicht nur kulinarisch. Dieser kreative Menschentyp findet sich im Architekturbüro ebenso wie in der Werbeagentur, in der Redaktionsstube oder im angesagten Fotoatelier. Fischesser sind gerne in fremden Ländern unterwegs, über die sie sich vorher bestens informiert haben und deren Küche sie wenigstens einmal probiert haben müssen. Über Fisch können Sie dem »Fisch« kaum etwas Neues erzählen, denn belesen und gut informiert, wie er ist, will er stets wissen, was er auf dem Teller hat und wo das zu Lebzeiten herumgeschwommen ist. Lassen Sie sich mit dem Fischesser auf keine Diskussion ein, wenn es um Fisch geht – er weiß sowieso alles besser und beim Fisch ist er sich sogar sicher, dass es auch stimmt. Stellen Sie ihm viele Fragen – über das Essen, über das Land, über seine Arbeit und seine Hobbys. Er wird Ihren Wissensdurst gerne befriedigen mit jener lässigen, freundlichen Überlegenheit, die nicht belehrt, sondern Ihnen das Gefühl gibt, in den guten

Händen eines Menschen zu sein, der mindestens sein eigenes Leben im Griff hat. Kommen Sie diesem intellektuellen Typen nicht verträumt – er wird Sie nicht verstehen. Denn Kreativität kommt bei ihm aus dem Hirn, nicht aus dem Bauch. Über Letzteren allerdings können Sie ihn fischen. Oder sie – denn der »Fisch« ist ebenso oft weiblich wie männlich.

Übrigens werden Sie am »kreativen Fisch« lange Ihre Freude haben, denn die im Fischöl enthaltenen Omega-3-Fettsäuren versprechen ein langes Leben ohne Demenz. Seine Sportlichkeit, seine Freude an der frischen Luft, an Meer und Sonne, an Geselligkeit und Lebenslust tun ein Übriges. Wenn Ihr »Fisch« sich nach dem Urlaub nicht mehr meldet, geben Sie nicht auf: Sie dürfen ihn problemlos anrufen. Er wird sich freuen und Sie zum Essen einladen. Das ist Ihre Gelegenheit: Lehnen Sie ab und laden Sie ihn zu sich nach Hause ein!

Rezeptempfehlung für den kreativen Fisch

Wallerfilet in der Meerrettich-Brotkruste auf Blattspinat und Violettekartoffeln

Wenn Sie den »kreativen Fisch« zu Hause empfangen, müssen Sie ihn mit Ihrem Wissen und Ihren Fähigkeiten angenehm überraschen. Der »Fisch« weiß genau, wie schwer ein guter Fisch zuzubereiten ist. Und er weiß auch, dass der Waller der König des Süßwassers ist. Ein stattlicher Jäger und ständig rastlos auf Beutejagd, weswegen sein Fleisch fest ist. Der Wels lässt sich gut verarbeiten und ist sehr kostspielig. Vor allem aber wird Ihr Gast es schätzen, dass ein Fisch auf den Tisch kommt, der unbedingt frisch sein muss. Donauwaller hat ein sehr empfindliches Eiweiß, das sich schnell zersetzt. Riecht der Waller also »nach Fisch«, profaner ausgedrückt: stinkt er nach Fischhalle, haben Sie verloren.

Zu Ihrem Fisch servieren Sie knackige Zuckerschoten, frisch pochiert mit Muskatnuss, die schon wegen der grünen Farbe eine lohnende Investition sind. Oder Sie bieten Blattspinat dazu an.

Zutaten

400 g Wallerfilet (beim Fischhändler oder im Feinkostladen)
500 g Blattspinat
300 g Violettekartoffeln
50 g frischer Meerrettich
50 g Semmelpanade
1 Ei
50 g Butterschmalz
2 Zweige frischer Estragon
1 Schalotte
80 g Butter
50 g Sahne
Salz, Mehl, Zucker, Pfeffer, Muskatnuss, Knoblauch

Zubereitung | Das Wallerfilet in vier gleich große Stücke schneiden. Von beiden Seiten salzen und in Mehl wenden. Den frischen Meerrettich schälen und fein reiben und mit den Semmelbrösel und dem feingehackten Estragon vermengen. Den Fisch nun im gequirlten Ei wenden und nur auf einer Seite in der Meerrettichbröselmischung panieren und auf die Seite stellen.

Die Violettekartoffeln in Salzwasser mit der Schale etwa 40 Minuten gar kochen und noch warm pellen.

Den Blattspinat von den Stielen trennen und die Blätter in einem großem Topf mit Salzwasser blanchieren (rein-raus) und in eiskaltem Wasser abschrecken.

Schalottenwürfel in Butter glasig dämpfen, Knoblauch, Salz und etwas Zucker dazugeben und mit flüssiger Sahne aufkochen und etwas reduzieren lassen. Kurz vor dem Anrichten kommt nun der Blattspinat in die heiße Sahne, denn der Blattspinat ist sehr farbempfindlich und wird sehr schnell grau und unansehnlich.

In breiter Pfanne Butterschmalz erhitzen, den Fisch mit der panierten Seite nach unten in die Pfanne geben und etwa 4 Minuten knusprig braten. Umdrehen und 3 Minuten auf schwacher Hitze fertig garen. Zum Schluss etwas kalte Butter in die Pfanne geben.

Die Violettekartoffeln der Länge nach halbieren und in einer Pfanne mit etwas Butter, etwas Wasser und Salz erhitzen.

Auf großzügigen Tellern den Blattspinat setzen, das Fischfilet mit der Panade nach oben aufsetzen und die Violettekartoffeln ringsum verteilen.

Getränkeempfehlung | Wie wär's mit einem Hugo, mit einem Eiswürfel und Limette im Stilglas zum Empfang dargereicht? Zu Ihrem Waller servieren Sie dann einen hochwertigen Riesling Spätlese trocken. Am besten ein großes Gewächs eines VDP-Winzers. Die schön eingebundene Säure des Rieslings schmiegt sich an den Waller und lässt den Blattspinat nicht stahlig schmecken. Am besten geeignet ist ein Klingelberger aus der Ortenau. So nennt man dort den Riesling. Er ist sehr duftig und betörend in der Nase.

Ein perfekter Abend steht Ihnen bevor!

Der wilde Jäger

Naturverbunden und ursprünglich

Es ist eine durchaus gepflegte Gesellschaft, die sich da am Nebentisch breitgemacht hat. Drei ältere Herren und einer »in den besten Jahren«. Aus der Karte mit den saisonalen Gerichten treffen sie sehr sorgsam ihre Auswahl. »Meinst du, die Ente taugt was? Letztes Mal war sie viel zu trocken.« – »Nimm lieber den Hirschgulasch, da weißt du, was du hast.« – »In Nairobi hab' ich mal Krokodil in Currysoße gegessen. Schmeckt wie Hühnchen.« – »Ich finde, es schmeckt nach Fisch.« – »Vor allem, wenn das Krokodil nicht mehr frisch ist …«

Der Jüngere, den sie Karl nennen, lacht. Seine Augen blitzen. Er sieht ein bisschen verwegen aus mit seinen wilden, schwarzen Haaren, er ist groß und kräftig – auf eine etwas grobe Art wirklich ein attraktiver Mann. Schon die ganze Zeit wandern seine Blicke interessiert zu Ihnen herüber, aber Sie machen einen auf gelangweilt und schauen nur zurück, wenn er es nicht sieht.

Unser Karl: ein Wildesser. Wenn Sie sich in diesen Typ verlieben wollen, bedenken Sie, dass er der Jäger ist und Sie sind das Opfer. Dasselbe gilt für die Wildesserinnen: Sind Sie bereit zur Opferrolle, lassen Sie sich von Ihrer Diana jagen und genussvoll erlegen. Aber beklagen Sie sich nicht, wenn es dabei ein bisschen direkt zugeht. Denn die Paarung ist für Wildesser ebenso selbstverständlich wie das Töten, Aufbrechen, Ausnehmen, Abbalgen, Zerlegen, Zubereiten und Verspeisen des erlegten Wildes. Naturverbunden und ursprünglich ist der Wildesser dem Tod ebenso nahe wie dem prallen Leben. Die Tiere sind zum Essen da – bloß keine Gefühlsduselei! Und weil die Wildesser Feinschmecker sind, machen sie sich schon bei

der Jagd Gedanken über die spätere Zubereitung. Wenn Sie sein Herz erobern wollen, bewundern Sie ihn! Neben Wild ernährt sich der »wilde Jäger« vorwiegend von Lob für seine reiche Beute und von der Anerkennung seiner prachtvollen Person. Gewähren Sie ihm das. Es kostet nichts.

Als Vegetarier oder gar als Veganer sollten Sie die Finger von »wilden Jägern« lassen. Es sind Menschen, die kein Problem mit Blut an ihren Händen haben. Die männlichen Exemplare sind technisch begabt, Tüftler manchmal, Handwerker oder auch Unternehmer und eher rational veranlagt. Als seine Partnerin erwarten Sie ein wildromantischer Start, Partys, bei denen er ordentlich auf den Putz haut. Häufiger und heftiger Sex, wenn auch mit wenig sinnlichen Komponenten. Er streichelt Ihren Körper mit derselben Zärtlichkeit, mit der er ein gut abgehangenes Filetstück prüft. Nach der Hochzeit allerdings müssen Sie tolerant genug sein, ihm eine Geliebte zu gönnen und sich

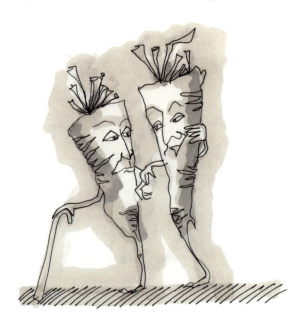

selbst mit der Rolle als Heimchen am Herd zu begnügen. Denn sobald die Jagd vorbei ist, fällt sein Adrenalin- und Testosteronspiegel dramatisch ab. Zuhause ist der Jäger das Alpha-Tier und hält seinen Bestand zusammen. Wilderei in seinem Revier duldet er nicht. Hausarbeiten übernimmt er selbstverständlich keine und die Emanzipation der Frau ist ihm ein Fremdwort. Seine Gattin mutiert sehr schnell zum »Schweinelendchen«, das keine Ansprüche stellt.

Die »wilden Jägerinnen« entstammen meist einer Jägerfamilie, wo sie sehr naturverbunden aufwachsen. Auch sie zerbrechen nicht am Tiertod, sondern sehen sich im Einklang mit dem Prinzip des Fressens und Gefressenwerdens. Die Wildesserinnen sind sehr sportlich, wissen, was im Fußball »Abseits« bedeutet und sind technisch versiert. Seltsamerweise trifft man kaum Reiterinnen unter ihnen. Und wundern Sie sich als Mann bitte nicht, wenn Diana zu Hause die Entscheidungen trifft, ohne Sie vorher zu fragen. Wenn Sie Pech haben, erklärt sie Ihnen in weniger als drei Sätzen, warum sie beide nicht zusammenpassen und zieht Ihnen gelassen das Fell über die Ohren.

Rezeptempfehlung für den wilden Jäger

Wildhasenkeule mit Schupfnudeln und Feldsalat

Wildesser kennen die Anatomie ihres Gerichtes sehr genau und sind an seiner Herkunft interessiert. Erkundigen Sie sich beim Metzger daher, woher er die Hasenkeule hat und wie lange sie schon abhängt. Sagen Sie bloß nicht, das Fleisch sei ganz frisch – dann ist es nämlich zäh!

Um schon thematisch im Wald und auf der Flur zu bleiben, servieren Sie vorneweg einen Feldsalat mit

Speckwürfelchen und Brotcroutons. Danach muss etwas Geschmortes kommen, weil das den Wildgeschmack unterstützt. Die Preiselbeersoße wird natürlich mit viel Rotwein zubereitet. Weil man für dieses Gericht mindestens zwei Stunden in der Küche stehen muss, genießt es beim Wild-Typ eine hohe Wertschätzung. Und Sie können ihm zeigen, wie gut Sie vorbereitet sind. Dazu gibt's Spätzle mit Bröselschmelze oder besser noch Schupfnudeln.

Zutaten

2	Wildhasenkeulen (zur Not auch Tiefkühlware, dann aber bitte beizen)
	Salz, Zucker, schwarzer Pfeffer, Lorbeer, Nelke, Wacholder
50 g	Butaris
100 g	Wurzelgemüse (Zwiebel, Karotte, Sellerie, Lauch)
1 EL	Tomatenmark
0,5 l	Rotwein (Spätburgunder, muss nicht unbedingt der Teure vom Tisch sein)
2 EL	Mehl
50 g	Preiselbeerkompott (keine Marmelade!)
200 g	Pellkartoffeln vom Vortag
120 g	Mehl
1	Ei
	Muskatnuss, Salz, Butter
100 g	geputzter Feldsalat
	weißer Balsamicoessig, Walnussöl, Salz, Zucker, Pfeffer
50 g	Speck
1	Scheibe Toastbrot

Zubereitung | Die Wildhasenkeule vom Hüftknochen trennen und mit Pfeffer, Salz und gestoßenen Wacholderbeeren würzen. In einem flachen Topf Butaris erhitzen und die

Keule darin scharf anbraten, anschließend herausnehmen. Im Topf klein geschnittenes Wurzelgemüse anbraten und Tomatenmark dazugeben. Mehrmals mit Rotwein ablöschen. Mehl dazugeben, mit restlichem Wein auffüllen und die Hasenkeule und Gewürze dazugeben. Kurz aufkochen und im Ofen bei 180 Grad Umluft etwa eineinhalb bis zwei Stunden weiterschmoren. Achtung: Die Keule ist perfekt und sinnlich, wenn sie sich schön vom Knochen lösen lässt!

Keulen herausnehmen und warm stellen. Die Sauce abpassieren und mit den Preiselbeeren verfeinern.

Die Kartoffeln werden durch eine Presse gedrückt, mit Mehl, Ei und Gewürzen vermengt und mit den Händen zu kleinen Würstchen geschupft. In Salzwasser etwa 5 Minuten garen und in einer Pfanne mit etwas Butter anbraten.

Den Feldsalat gut waschen, mit dem Balsamico, Walnussöl und den Gewürzen anmachen. Auf zwei Teller verteilen. In einer Pfanne den gewürfelten Speck auslassen, das gewürfelte Brot dazugeben und beides braun anbraten und auf dem Salat verteilen.

Die Keule auf den Teller geben, die Sauce drauf, eventuell ein paar gebratene Pilze drüber. Die Schupfnudeln drumherum legen. Damit sind alle Voraussetzungen für einen wilden Abend gegeben!

Getränkeempfehlung | Einen schönen Portwein zur Begrüßung. Zur kräftigen Hasenkeule kommt dann eigentlich nur ein schöner Spätburgunder in Frage. Da sollten Sie aber nicht klemmen, sondern um die 20 Euro pro Flasche ausgeben! Am besten passt einer aus dem Breisgau, der ist kräftig und feurig.

Die erdverbundene Saisonale

Weltverbesserer und Esoteriker

Es ist ein wunderschöner Bauerngarten mit einem naturbelassenen Holzzaun, sauberen, von niederen Buchsbaumhecken gesäumten Wegen, Stockrosen, Tränenden Herzen, Kugeldisteln, Margeriten und bunt dazwischen gestreut Tomaten, Krautköpfe, Feld- und Kopfsalat. Und mittendrin steht sie in ihrer adretten Schürze, ein paar Stecklinge in der einen Hand, ein Pflanzholz in der anderen: die glückselige Gärtnerin, wahlweise blond, brünett oder rothaarig, an deren Grundstück Sie seit Monaten vorbeischleichen, ohne den Mut zu einem Gespräch aufzubringen. Doch das soll jetzt anders werden, denn inzwischen wissen Sie, mit wem Sie es zu tun haben, und Sie werden ihre »erdverbundene Saisonale« ganz sicher nach einer kleinen Diskussion über »Pflanzenschutz ohne Gift« zu einem Essen nach Hause einladen können. Doch besorgen Sie sich vorher einschlägige Literatur, denn die Saisonalen hassen nichts mehr als in der Wolle gefärbte Billigeinkäufer, die öffentlich den Wein aus dem Barriquefass predigen und heimlich den Fusel aus dem Tetrapack schlürfen. Aufschneider werden schnell entlarvt und – je nach Saison – mit Stirnrunzeln, langen, nachdenklichen Blicken, plötzlichem Hagelschlag oder mit Liebesentzug bestraft.

Die »Saisonalen« sind, egal ob männlich oder weiblich, Weltverbesserer. Als typische Grünen-Wähler sind sie gegen Atomkraftwerke und für regenerative Energien. Stören Sie sich nicht an einer gewissen Neigung zum Übersinnlichen – das ist ungefährlich und schließlich spielen gewisse engelhafte Wesen in Ihren Träumen schon lange die Hauptrolle.

Lassen Sie sich begeistert von der Existenz kleiner Erdwesen überzeugen und die Haare nur noch bei abnehmendem Mond schneiden. Vergraben Sie ein mit Mist gefülltes Kuhhorn in Ihrem Garten und alles wird gut! Die »Saisonalen« machen sich als erdverbundene Menschen zahllose Gedanken über Jahres- und Vegetationszeiten, Natur, Kompost, Regenwürmer, Pflanzen, Mondphasen und Transportwege.

Vor allem legen sie Wert auf frische und reife Nahrungsmittel, die vorwiegend aus der Region kommen sollten. Sie wissen gute Produkte zu schätzen, gehen daher selbst auf den Markt, wo sie sich intensiv nach Hersteller, Aufzucht- oder Düngemethoden erkundigen. Der Bauer ihres Vertrauens kann über das schwäbisch-hällische Landschwein ebenso umfassend referieren wie über das Limpurger Rind oder die einzig originalen Alblinsen. Seine Hühner sind meistens glücklich und die Kühe in seinem Stall haben Vor- und Zunamen. Zu seiner großen Freude bringen seine Kunden ihm hin und wieder eine herrenlose Katze mit, damit sie auf dem Öko-Bauernhof ein erfülltes Leben führen kann. Und natürlich bestellen die »erdverbundenen Saisonalen« mit Hingabe ihren eigenen Garten.

Die »Saisonalen« sind beileibe keine Asketen, sondern kochen ausgesprochen gerne und gut. Sie wissen einen guten Wein zu schätzen und lieben Einladungen zum Essen, wo sie Gleichgesinnte treffen: Lehrer, Künstler, Slow-Food-Anhänger und andere gut informierte Leute. Bevor Sie die »erdverbundene Saisonale« bitten, ihre Gummistiefel auszuziehen und zu Ihnen nach Hause zu kommen, dürfen Sie gerne mit ihr eine kleine Landpartie oder einen ausgedehnten Spaziergang unternehmen, einer Verkostung von Ökowein beiwohnen oder das Angebot »Erdbeeren selber pflücken« wahrnehmen. Wer bereit ist, auf die richtige Jahreszeit zu warten, hat es auch bei anderen wichtigen

Dingen des Lebens selten eilig und liebt von allen Genüssen dieser Welt am meisten die Vorfreude.

Rezeptempfehlung für die erdverbundene Saisonale

Stangenspargel mit Sauce hollandaise, Kräuterflädle und luftgetrocknetem Schinken

Für Ihre vernunftbetonte »Saisonale« brauchen Sie unbedingt einen Händler Ihres Vertrauens. Denn Sie sollten gleich morgens einkaufen gehen – am besten auf dem Markt oder in der Markthalle – und sich beraten lassen, was frisch ist. Lassen Sie sich inspirieren von saisonalen Produkten wie Blattspinat, Spargel, Pilzen, Früchten, Rotkohl oder Sauerkraut. Servieren Sie niemals etwas, das nicht gerade Saison hat!

Im März: Frischer Spinat, denn dann hat er die ersten Knospen. Dazu können Sie Spiegeleier (von Hühnern aus Freilandhaltung) servieren mit Kartoffelpüree oder besser noch: verlorene Eier mit Senfsoße.

Im März/April/Mai: Jetzt ist natürlich Spargelzeit. Dazu gehört aber eine selbst gemachte Sauce hollandaise – sonst begehen Sie eine kulinarische Todsünde. Wenn Sie sich keine Hollandaise zutrauen, nehmen Sie statt Fertigware lieber nur zerlassene Butter. Dazu passen ein Flädle und ein paniertes Schweineschnitzel.

Im Mai: Frische, junge Matjes, beispielsweise nach Hausfrauenart.

Ab Juni und bis in den Herbst: Pfifferlinge in allen Variationen.

Im September: Steinpilze oder gar Trüffel (das kostet ein Vermögen, was aber die Wertschätzung Ihres Gastes erhöhen dürfte).

Im November: Ente mit Blaukraut und hausgemachten Kartoffelknödeln. Oder Perlhuhn aus dem Ofen mit unter die Haut geschobenen Trüffelscheiben, dazu glasierte Karotten und Erbsen.

Den ganzen Winter über: Hülsenfrüchte wie beispielsweise feine Alblinsen mit Wachteln oder frischem Sauerkraut.

Weil bekanntlich das Frühjahr die beste Jahreszeit für eine Verführung ist, nehmen wir an, Sie haben sich für Stangenspargel mit Sauce hollandaise, Kräuterflädle und luftgetrocknetem Schinken entschieden.

Zutaten

600 g Spargel
100 g hauchdünn geschnittener Serranoschinken oder Parmaschinken
Salz, Zucker, Weißwein, Butter, frischer Kerbel

Für die Sauce hollandaise:
2 Eier
100 g Butter
50 ml Weißwein
Salz, Pfeffer, weißer Balsamico oder Zitronensaft

Für den Pfannkuchenteig:
100 g Mehl
2 Eier
100 ml Milch
Salz, Schnittlauch, Muskatnuss

Zubereitung | Den Spargel sauber schälen oder zur Not schälen lassen. Peinlich ist es, wenn es beim Essen anstrengend wird!

In einen Topf Wasser, Salz, Zucker, etwas Weißwein und Butter geben. Gut abschmecken und aufkochen lassen. Den Spargel dazugeben und etwa 10 bis 15 Minuten garen, aber nicht verkochen. Je frischer der Spargel, umso kürzer die Garzeit – aufpassen!

Währenddessen in einer Schüssel Mehl mit Milch verrühren, auf Klumpen achten und danach die Eier, Kräuter und Gewürze hineingeben. In einer Pfanne flache Pfannkuchen braten.

Für die Sauce hollandaise Eigelb in eine Schüssel geben, die gleiche Menge Weißwein dazugeben und auf heißem Wasserbad zur Creme aufschlagen. Flüssige Butter – aber nicht zu heiß – langsam unter ständigem Rühren hineinfließen lassen. Mit Salz, etwas Pfeffer und weißem Balsamico oder Zitronensaft abschmecken.

Das warme Flädle heiß auf den Teller legen, mit Parmaschinken auslegen, den Spargel draufgeben und in dem Flädle einwickeln. Die Sauce hollandaise drauf und mit frischem Kerbel garnieren. Voilà!

Getränkeempfehlung | Sie servieren zum Empfang einen deutschen Winzersekt. Zum Essen auf jeden Fall einen deutschen Wein, rot oder weiß, je nach Jahreszeit. Toll wäre natürlich der Wein eines guten Biowinzers. Zum Spargel mit luftgetrocknetem Schinken und Sauce hollandaise passt hervorragend ein Gutedel aus dem Markgräflerland.

Der modische Angeber

Immer wichtig unterwegs

Ihre beste Freundin hat Sie gewarnt. Ihre Mutter hat Sie gewarnt. Und die Kolleginnen sowieso. Aber Sie wollen ja nicht hören. Irgendetwas an diesem Typen zieht Sie unwahrscheinlich an. Ist es das Gefühl, dass er von einer Aura des Erfolgs umgeben ist? Von wichtigen Menschen sowieso? Dass er so viel zu wissen scheint? Dass er witzig ist und mit angesagten Leuten ausgeht? Dass er ein guter Unterhalter ist? Das Tempo, mit dem er durchs Leben stürmt? Egal – Sie haben ihn neulich bei der Vernissage eines New Yorker Künstlers kennen gelernt, der seine Gäste anschließend mit Erbsensuppe bekochte. Sie haben ihm von Ihren Kochkünsten erzählt. Und er hat Ihre Einladung nach Hause sofort angenommen. Heute kommt er. Jetzt nur nichts falsch machen!

Der »Mode-Esser«, der immer auch eine Mode-Esserin sein kann, isst gewöhnlich nicht, um satt zu werden, sondern um gesellschaftlich etwas darzustellen. Das hindert ihn durchaus nicht daran, auch mal ein Genießer zu sein. Aber seine kulinarischen Vorlieben ändern sich schnell. In den 70er Jahren stand er auf Nouvelle Cuisine, in den 80ern und 90ern auf mediterrane Küche von Risotto bis Carpaccio, heute schwimmt er noch auf der asiatischen Welle, driftet aber bereits stark auf die regionale/saisonale Küche zu. Auf ihn trifft die Aussage der amerikanischen Psychologin Alexandra W. Logue zu, die annimmt, dass man »häufiger solche Nahrungsmittel isst, die von Angehörigen der sozialen Schicht, zu der man gerne gehören möchte, gegessen werden«. Und er ist ein Aufsteiger, einer, der die Börsenkurse

verfolgt, überall seine Finger drin hat, die besten Weingüter kennt, die angesagtesten Kneipen in der Hauptstadt und der natürlich mit dem Barkeeper per Du ist. Er verbringt seinen Urlaub auf Sylt, besucht Geschäftsfreunde in New York, fährt zum Shoppen nach Paris und weiß, wo man in Berlin den Abend verbringt. Geld scheint keine Rolle zu spielen – wenn er keines hat, weiß er sich welches zu beschaffen. Und ein weit überzogenes Bankkonto bereitet ihm keine schlaflosen Nächte.

Mode-Esser sind Trendsetter, die sich bemühen, möglichst schon vorher zu wissen, was bald in aller Munde gekaut werden wird. Als Manager, die häufig Kunden zu Geschäftsessen einladen, fühlen sie sich ungemein wichtig und glauben tatsächlich, sie könnten selbst eine neue Strömung wenn nicht erfinden, so doch beeinflussen. Leider sind sie, was die körperliche Liebe angeht, schnell bei der Sache und durchaus keine Romantiker. Als die Frau an seiner Seite treten Sie in Konkurrenz zu seinen vielen modisch gekleideten Begleiterinnen – ein anstrengendes, von steter Eifersucht geprägtes Leben.

Mode-Esserinnen sind häufig auch Diät- oder Verzichttypen. Halbverhungert und solariengebräunt sind sie hin- und hergerissen zwischen einer unsäglichen Gier nach Kohlenhydraten und der neuesten Diätempfehlung. Nachts schleichen sie sich gerne ans Nutellaglas und haben hinterher ein schlechtes Gewissen. Das ganze Haus ist so sauber und aufgeräumt, dass die Putzfrau gar nicht weiß, was sie hier überhaupt tun soll. Also setzt sie sich auf das Ledersofa von Rolf Benz und blättert gelangweilt in Vogue, Elle, Cosmopolitan oder anderen Lifestyle-Magazinen, die aufgefächert auf dem gläsernen Tischchen liegen. Nach dem Kurs für tibetisches Traumyoga besuchen die Mode-Esserinnen zur Selbstverwirklichung Aquarellkurse an der Volkshochschule oder nehmen gar Privatunterricht bei einem angesagten Maler. Stolz hängen ihre Männer die Bilder in der Wohnung auf, wo sie regelmäßig von den angestrengten Gästen bewundert werden müssen.

Rezeptempfehlung für den modischen Angeber

Sushi-Variationen

Roher Fisch ist immer hip, daher ködern Sie diese Typen am besten mit vier bis fünf verschiedenen Sushi. Kaufen Sie unbedingt beim Feinkosthändler ein und verwenden Sie passende Teller und andere angesagte Accessoires für die pikanten Fischsoßen zum Eintunken.

Zutaten

300 g gemischter Fisch (vom Fischhändler, geeignet sind Thunfisch in Sashimi-Qualität, Lachs und Schwertfisch)
4 kleine Crevetten mit Schwanzstück
4 kleine Tintenfische
150 g japanischer Sushi-Klebereis
3 EL Reisessig
4 Noriblätter (Seegras)
Salz, Zucker, Zitronensaft und -schale, Olivenöl, Cayennepfeffer, Fischsoße
¼ Salatgurke geschält
½ Mango geschält
1 Pfirsich
½ Avocado geschält
1 Tube Wasabicreme
1 Glas eingelegten Ingwer

Für die Marinade:
- 4 EL Sojasoße
- 2 EL Fischsoße
- 2 EL Zitronensaft
-   abgeriebene Zitrone
-   Pfeffer

Zubereitung | Zutaten für die Marinade gut mischen. Die Fischfilets in fingerdicke Streifen schneiden. Mit der Hälfte der Marinade eine Stunde lang marinieren. Obst und Gemüse in Streifen schneiden.

Den Reis unter fließendem Wasser abspülen. 300 ml Wasser aufkochen, Salz, Zucker, Zitronensaft und -schale sowie Reisessig dazugeben und zuletzt den Reis dazu und zugedeckt gar ziehen lassen.

Den fertigen Reis in eine Schüssel geben mit Olivenöl, Salz, Reisessig, etwas Fischsoße und Cayennepfeffer abschmecken.

Die Noriblätter dünn mit der Reismasse bestreichen. Jeweils einen Fischstreifen, Obst- oder Gemüsestreifen darauf legen und akkurat einrollen. Die Rollen in Folie einwickeln und kalt stellen.

Beim Anrichten darauf achten, dass alles wirklich akkurat wirkt. Schön und im gleichen Abstand in einer Linie auf einen tollen länglichen Teller setzen.

Die Wasabicreme, den Ingwer und den Rest der Marinade in schönen Designerschälchen auf dem Tisch zum Eintunken bereitstellen.

Zusätzlich sollten Sie sich für Sushi unbedingt Essstäbchen mit schicker Stäbchenbank zulegen und ebenfalls mit eindecken. Eine schöne Orchidee nebst hochwertigen Weingläsern ist natürlich für Ihren Modelover selbstverständlich.

Ihr Modetyp wird entzückt sein und sich insgeheim überlegen, bei welchem angesagten Asia-Caterer Sie diese tolle Sushi wohl bestellt haben! Dieser Abend wird noch viel schöner, als Sie glauben!

Getränkeempfehlung | Als Aperitif entweder einen Aperol mit Prosecco oder einen Absinth. Zum Sushi kommt dann eigentlich nur ein Moselriesling halbtrocken oder eventuell ein Sauvignon Blanc aus dem Remstal in Frage. Ihr »Modischer Angeber« wird verwundert und gleichzeitig begeistert sein über Ihr modisches Bewusstsein.

Oder probieren Sie es doch mal spaßeshalber mit einer blind eingeschenkten Kerner-Spätlese eines guten Winzers aus dem Tübinger Raum. Ihr Gast kommt bestimmt nicht drauf, was er da im Glas hat.

Der bodenständige Regionale

Kernig und am liebsten zu Hause

Frustriert sitzt er vor seiner Pizza, die er in einer Osteria an der Adria nur deshalb bestellt hat, weil sie das einzige Gericht ist, das er wenigstens vom Namen her kennt. »Fettucine al Salmone« oder »Gamberoni alla griglia« haben ihn schon beim Lesen zutiefst verärgert. Nun stochert er lustlos in seiner »Quattro Stagioni« herum und denkt sehnsüchtig an heimelige Gerichte wie Gaisburger Marsch oder Saure Kartoffelrädle. Und erst das Brot im Ausland! Selbst Ciabatta und Panini schmecken zu Hause einfach besser. Was soll er hier? Spontan kommt ihm Thaddäus Troll in den Sinn, den er der Richtung nach fast auswendig kennt: »Do sitz i jetzt in Sydney rom ond dohoimt sott man d' Bäum schneida!« Sie, die am Nebentisch sitzen, finden ihn irgendwie knuddelig in seiner offensichtlichen Hilflosigkeit, in seiner unmodischen und formlosen Kleidung und seinem, nun ja, sagen wir mal verharmlosend »Bäuchle«. Sie nehmen sich ein Herz und setzen sich, ohne groß zu fragen, zu ihm. Das überrascht ihn, denn so etwas ist er von zu Hause nicht gewöhnt.

Hier haben Sie einen typischen bodenständigen Regionalen vor sich. Aber täuschen Sie sich nicht: Der Mann ist durch Ihren überraschenden Angriff nur kurz aus dem Konzept gebracht und findet sehr schnell wieder zu seiner angeborenen Selbstsicherheit zurück. Dass er nicht weiß, was Gambis sind, hat ihn nicht etwa verunsichert, sondern nur verärgert. Aber am meisten ärgert er sich darüber, dass er diesen Urlaub mit den Kegelbrüdern, die gerade noch im

Hotel ihren Rausch ausschlafen, überhaupt angetreten hat: Daheim ist es einfach am schönsten!

Eine dauerhafte Partnerin gehört unbedingt zur Lebensplanung des »Regionalen«, aber schaffe, gell, das sollte sie schon können. Ein »saubers Mädle« gefällt ihm durchaus, aber sie muss auch bodenständig sein, hinlangen können, die Buchhaltung machen, die Kinder aufziehen und ein paar Viertele vertragen können. Sex findet er schon wichtig und Zärtlichkeiten gegenüber ist er durchaus aufgeschlossen. Aber nur am Wochenende und davor muss erst noch das Stückle gemäht, müssen die Mirabellen eingeschlagen und der Apfelmost vom Vorjahr ausgiebig probiert werden. Der »Regionale« hat keinen Hobbykeller, sondern eine richtige Werkstatt, wo alle Arten von Elektrowerkzeugen, Kettensägen, Heckenscheren, Balkenmäher und ein stabiler Pkw-Anhänger sich befinden. Wenn er keinen eigenen Traktor hat, dann träumt er davon und geht beim Landmaschinen-Maier ein und aus.

Wir sagen »er«, denn Liebhaber einer ausschließlich regionalen Küche sind meistens männlich – Frauen sind experimentierfreudiger. Unser Regionaler ist wahrscheinlich schon vor den 60er Jahren des letzten Jahrhunderts geboren und höchstwahrscheinlich – Pech für Sie – verheiratet. Aber es gibt auch Ausnahmen und wenn er auch einen Ehering trägt, so könnte er doch verwitwet, in seltenen Fällen Junggeselle, allerdings kaum geschieden sein. Das Kernige, das er an sich hat, schlägt sich in einer fast schon lustvollen Weigerung nieder, hochdeutsch zu reden. Dabei ist er durchaus auslandserfahren, war für seine Firma in China oder Amerika, wo er regelmäßig an der Schlamperei und der großzügigen Auffassung von Arbeitszeiten verzweifelt. Deshalb ist er auch immer froh, wenn er wieder zu Hause ist, wo er beispielsweise im Schwäbischen die Besenwirtschaften und Hocketse besucht, wenn er nicht gerade im Verein seinen zahlreichen Ehrenämtern nachkommt. Im Fußballstadion ist er ebenso zu Hause wie an so manchem Stammtisch.

Wenn Sie den Regionalen zu sich einladen, bedenken Sie, dass dieser Typ unbedingt satt gemacht werden muss! Er isst, bis, wie man im Schwäbischen sagt, »der Ranzen spannt«. Geben Sie selbstgebackenes Brot dazu, dann wird er Sie lieben! Und wenn Sie zum Nachtisch einen ebenfalls selbstgebackenen Kuchen (nach Art der Region) auf den Tisch stellen, kann es in der Sofaecke durchaus zu Intimitäten kommen. Versprechen Sie sich allerdings nicht zu viel. Mit einmal Blümchensex pro Monat ist er meistens mehr als zufrieden. Aber vielleicht ist Ihnen das ja gerade recht …

Rezeptempfehlung für den bodenständigen Regionalen

Süddeutscher Typ | Sauerbraten mit Semmelknödel und Preiselbeeren

Die Semmelknödel saugen die Soße auf, nach der er reichlich verlangt. Zusätzlich Kartoffelsalat, wenn man's kann.

Zutaten für den Sauerbraten

800 g Schmorstück vom Rind (Super ist das so genannte Bürgermeisterstück – fragen Sie Ihren Metzger.)

Für die Beize:
¼ l Rotweinessig
½ l Rotwein
Salz, Zucker, Pfefferkörner, Lorbeerblatt, Nelken, Wacholder

Für die Soße:
- Butterschmalz
- 1 Karotte
- 1 Zwiebel
- 1 Stück Sellerie
- 2 EL Tomatenmark
- 30 g Mehl
- Preiselbeermarmelade

Zubereitung | Das Bratenstück mindestens zwei Tage in der Beize aus Rotweinessig, Rotwein und den Gewürzen zugedeckt im Kühlschrank marinieren.

Das Fleisch aus der Beize nehmen, trocken tupfen und in einem flachen Bräter in Butterschmalz scharf anbraten. Das Fleisch herausnehmen. Nun das Wurzelgemüse mit Schale in walnussgroße Stücke schneiden und in dem Bräter

anbraten. Mit Tomatenmark kräftig verrühren und zweimal mit der Beize ablöschen. Dann das Mehl darauf und wieder verrühren. Restliche Beize dazugeben und das Fleisch in die Mitte setzen. Eventuell etwas Wasser dazugeben. Aber vorsichtig! Je weniger Wasser, umso kräftiger und sämiger die Soße. Nun ab in den Ofen. Bei 180°C etwa 2 Stunden zugedeckt schmoren lassen. Die Soße wird dann abgeschmeckt und durch ein Sieb passiert. Mit der Preiselbeermarmelade etwas verfeinern.

Zutaten für die Semmelknödel

- 5 alte Brötchen
- 3 Eier
- ¼ l Milch
- Salz, Petersilie, Zwiebel, etwas Speck, Muskatnuss und Butter

Zubereitung | Die alten Brötchen werden klein geschnitten und in eine Schüssel gelegt. Die Milch mit Salz und Muskatnuss aufkochen und unter Rühren mit einem Kochlöffel zu den Brötchen schütten. Die Masse nun abdecken und quellen lassen.

In der Zwischenzeit werden die fein gehackte Petersilie, die Zwiebel und der fein gewürfelte Speck in Butter glasig gedämpft und auch zur Masse gegeben. Die Eier darauf und kräftig vermengen.

In einem Topf mit reichlich kochendem Salzwasser werden nun gleich groß geformte Knödel etwa 15 Minuten gegart.

Das Fleisch in schöne Scheiben schneiden. Ordentlich Soße darüber, die Knödel anlegen und eventuell noch einen Klacks Crème fraîche und Preiselbeeren aufs Fleisch.

Lecker – lecker! Damit können Sie sogar einen Norddeutschen verführen.

Norddeutscher Typ | **Labskaus**

Labskaus ist etwas gewöhnungsbedürftig. Das fertige Gericht sieht nicht gerade sehr ansprechend aus, ist aber, wenn es gut gemacht ist – ein Gedicht! Labskaus sättigt und ist schwer zu machen – das erhöht Ihre Wertschätzung bei Ihrem Gast ganz gewaltig.

Zutaten

- *500 g* Kartoffeln
- *1* Zwiebel
- *10 g* Butter
- *1/8 l* Milch
- *1/8 l* Brühe
- *300 g* Corned Beef (gepökeltes Rindfleisch)
- *50 g* Rote Beete
- *2* EL Rote-Beete-Saft
- *6* Rollmöpse
- *2* Gewürzgurken
- *10 g* Margarine
- *2* Eier
- Pfeffer und Meersalz

Zubereitung | Die Kartoffeln schälen, klein schneiden und in wenig Salzwasser gar kochen. Die Zwiebel in feine Würfel schneiden, in Butter glasig dünsten und beiseite stellen. Die Milch und die Fleischbrühe erwärmen. Wenn die Kartoffeln gar sind, das Kochwasser abgießen und die Milch zufügen. Mit einem Kartoffelstampfer die Kartoffeln zerdrücken. Mit so viel Fleischbrühe auffüllen, bis ein nicht zu steifes Püree entsteht. Dann die Zwiebeln unterheben. Das Corned Beef in Würfel schneiden und unter die Kartoffeln heben. Die Rote Beete fein hacken und ebenfalls dazugeben. Den Rote-Beete-Saft unter die Kartoffelmasse rühren. Mit Pfeffer und Salz würzen. In einer beschichteten Pfanne die Margarine auslassen und zwei Spiegeleier braten. Nach Geschmack würzen. Das Labskaus auf möglichst vorgewärmten Tellern verteilen und je ein Spiegelei darüber geben. Die Rollmöpse, Gewürzgurken und die restliche Rote Beete dazu reichen.

Wenn Sie jetzt noch richtig Eindruck schinden wollen, und es die Zeit erlaubt, backen Sie noch schnell einen Hefekuchen mit Zwetschgen. Wenn Sie den Kuchen nach dem Essen an Ihrem Sofatisch mit einer Tasse Kaffee und reichlich Schlagsahne servieren – dann gehört der Abend Ihnen!

Hefekuchen mit Zwetschgen

Zutaten für eine Springform (Durchmesser 26 cm)

250 g Mehl
½ Würfel Hefe
100 ml lauwarme Milch
50 g weiche Butter
1 Ei
40 g Zucker
1 Prise Salz
750 g Zwetschgen halbiert und entsteint
Zimtzucker zum Bestreuen, Mandelblättchen

Zubereitung | Das Mehl in eine Schüssel geben. Die Hefe mit der warmen Milch verrühren, und in die Mitte des Mehls geben und etwas mit Mehl vermengen. Zugedeckt etwa 30 Minuten gehen lassen. Butter, Zucker, Salz und Ei mit dem Mehl zu glattem Teig verkneten und nochmals eine Stunde gehen lassen. Den Backofen auf 180°C vorheizen. Die Springform etwas einbuttern. Den Teig nun in die Form drücken. Die halbierten Zwetschgen darauf verteilen. Den Kuchen etwa 45 Minuten backen. 10 Minuten vorher noch Zimtzucker und Mandelblättchen darauf verteilen. Fertig!

Getränkeempfehlung | Je nach Region. Wir teilen in vier Bereiche ein: Die Verführung im Süden steht ganz klar auf Trollinger. Im Westen muss es natürlich ein Kölsch oder Alt sein. Im Norden umgarnt man seine Verehrung mit einem herben Pils und Korn. Im Osten kann eine Berliner Weiße mit Schuss das Mittel der Wahl sein.

Wenn Sie den Sauerbraten auftischen, sollte es natürlich ein kräftiger Trollinger (maischevergoren) oder wahlweise ein Trollinger mit Lemberger sein. Am besten aus dem Zabergäu.

Die aufgeklärte Vegetarierin

Zarte Seele, Löwenherz

Es ist Samstag, Kaiserwetter. Lockere, wenn auch nicht gerade ausgelassene Stimmung im Bus. Der Chef sitzt vorne beim Fahrer und hat bereits seine kleine Dankesrede gehalten, verbunden mit einer nett formulierten Aufforderung, nächstes Jahr doch bitte noch etwas engagierter zu arbeiten. Sie sind auf dem jährlichen Betriebsausflug, es geht zur Burg Hohenzollern. Besichtigung derselben und anschließende Einkehr in einem nahe gelegenen Restaurant mit eigenem Busparkplatz, ausgedehnten Sälen und genervten Bedienungen. Auf allen Tellern dicke Fleischbrocken, reichlich Soße und manch einer hat, wenn auch mit schuldbewusstem Seitenblick zum Chef, sogar ein Pils oder ein Viertel Wein vor sich stehen.

Die schlanke junge Frau Ihnen gegenüber muss neu in der Buchhaltung sein, denn Sie haben sie noch nie gesehen. Resigniert schiebt sie ein paar bleiche Salzkartoffeln auf ihrem Teller hin und her. Den sparsam dekorierten und mit wenig Liebe angemachten Salat hat sie als Erstes gegessen. Sie hat das Problem aller Vegetarier: In den meisten Restaurants haben sie die Auswahl nur unter den Beilagen: Nudeln, Kartoffeln, vielleicht auch mal ein Schälchen mit pappigem Reis ohne Soße. Viel lieber wäre sie zu einem Italiener gegangen, da ist die Auswahl an vegetarischen Hauptgerichten größer. Minestrone, Kräuter-Cannelloni, Makkaroni mit Gorgonzola-Sahne-Soße … sie starrt auf ihren Teller und verliert sich in kulinarischen Träumen. Aber die Realität sieht anders aus. Vegetarier, auch wenn ihre Zahl

beständig steigt, sind bei Betriebsausflügen immer in der Minderheit. Und gefragt werden sie ohnehin nicht.

Es ist eigentlich kein Wunder, dass Sie sich in diese Frau verlieben. Obgleich sehr zart und fast ein bisschen untergewichtig, tritt sie sehr engagiert für ihre Meinung bei politischen und gesellschaftlichen Fragen ein. Mutig verteidigt sie den Energiewandel, tapfer tritt sie gegen die große Mehrheit der Kollegen für eine Verschärfung der Waffengesetze ein. Dabei hat sie gute Argumente und zeigt sich weit besser informiert als ihre Kontrahenten. Vielleicht schläft deshalb das Gespräch am Tisch so schnell wieder ein. Wer lässt sich schon gerne belehren. Das ist Ihre Chance: Halten Sie den Blickkontakt, gehen Sie auf sie ein, lassen Sie sich überzeugen und bald schon können Sie sich an der leichten Röte erfreuen, die ihre bleichen Wangen reizvoll überzieht.

Vegetarier beiderlei Geschlechts sind sehr aufgeklärt, leben bewusst und wissen bestens über ihre (unsere) Nahrung Bescheid. Lieber verzichten sie auf Genuss, als dass sie Nahrungsmittel fragwürdiger Herkunft zu sich nehmen. Mit ihren Erzählungen von den ekelhaften Aufzuchtbedingungen unserer Schlachttiere können sie einem leicht und gerne den Appetit verderben. Dabei haben sie natürlich Recht und eine Flut von Argumenten auf ihrer Seite. Nur dass die Fleischfresser eben die Bilder gequälter Tiere viel besser verdrängen können! Dem Vegetarier aber gehen sie tief hinein in die Seele. Und weil er ein Mensch von Prinzipien ist, kann man ihn auch mit der knusprigsten Grillwurst und dem duftendsten Schinken nicht von seiner Auffassung abbringen. Versuchen Sie es erst gar nicht: Sie werden scheitern!

Vegetarier sind empfindsam, sehr sinnlich und haben ein feines Gespür für die kleinsten Stimmungsschwankungen. Deftige Witze sind ihnen ebenso fremd wie deftiges Essen. Wenn sie überhaupt Alkohol zu sich nehmen, dann höchstens aus biologischer Produktion. Eher neigen sie aber zu entspannenden Drogen, ein liebevoll gedrehter Joint aus (natürlich selbst und biologisch angebautem) Hanf kann durchaus willkommen sein.

Rezeptempfehlung für den aufgeklärten Vegetarier

Scharfe Gemüsesuppe und Auberginenlasagne mit Ziegenkäse und Tomatensugo

Der Vegetarier liebt mehrere Gänge – schaffen Sie häppchenweise kleine Höhepunkte. Willkommen sind immer Salat oder Rohkost mit schönem Dressing. Zutaten und Zubereitung sind entscheidend. Verwenden Sie nur richtig gutes Olivenöl. Kochen Sie das Gemüse nicht tot, sondern lassen Sie ihm etwas »Biss«.

In Frage kommt beispielsweise eine schöne und durchaus scharfe Gemüsesuppe oder eine italienische Peperonada. Auch mit asiatischer Küche (Chili, Kokosmilch) können Sie punkten. Scharfes ist oft das Einzige, was dem Vegetarier einen gewissen »Kick« geben kann, denn Scharfes steigert den sinnlichen Genuss beim Essen. Damit können Sie dem Vegetarier Leben einhauchen. Allerdings nicht mit dem üblichen Kaffee oder Espresso danach – das ist pures Gift für ihn. Mit einem schönen grünen Tee lässt sich eher der gemütliche Teil des Abends einleiten. Verzichten Sie ausnahmsweise mal auf die Zigarette nach dem Essen. Und bremsen Sie Ihre Leidenschaft ein wenig: Zärtlichkeit ist dem Vegetarier und der Vegetarierin lieber als Sex.

Zutaten für die Suppe

- *1* Bund Zitronengras
- *1* Chilischote
- *2* Knoblauchzehen
- *1* Dose Kokosmilch
- *1* Gemüsebrühwürfel
- *1* Karotte
- *1* kleine Zwiebel
- *1* Schale Zuckerschoten
- *3 EL* Olivenöl
- Salz, Zucker

Zubereitung | Zuerst kochen wir einen Zitronengrastee. Dazu das Zitronengras klein hacken, in einen Topf mit einem halben Liter Wasser geben, den Gemüsebrühwürfel und etwas Salz und Zucker dazugeben und eine Viertelstunde kochen lassen. Den Zitronengrastee eine halbe Stunde ziehen lassen und dann abpassieren.

In einem Topf die kleingehackte Zwiebel mit etwas Salz und Zucker in Olivenöl anschwitzen. Die Karotte schälen, zusammen mit den Zuckerschoten in mundgerechte Stücke schneiden und ebenfalls im Topf anschwitzen. Nun den Tee dazugeben und das Gemüse bissfest kochen. Kleingehackten Knoblauch und Chili dazugeben. Mit Kokosmilch verfeinern.

In einem schönen, vorgewärmten Teller anrichten. Jetzt wird Ihr Partner warm werden, für Sie und das nächste bevorstehende Gericht.

Zutaten für die Lasagne

2	Auberginen
6 EL	Olivenöl
2	Knoblauchzehen
250 g	Ziegencamembert
4	Fleischtomaten
1	Bund Basilikum
	Salz, Zucker, Pfeffer, Lorbeerblatt

Zubereitung | Die Auberginen in Scheiben schneiden und sofort mit Salz und Pfeffer würzen. In einer flachen Pfanne Olivenöl erhitzen. Die Auberginenscheiben mit einem Küchenkrepp trocken tupfen und im Öl anbraten. Aus der Pfanne nehmen und wieder trocken tupfen – die Auberginen saugen das Fett auf wie ein Schwamm. Den Käse in acht gleiche Teile schneiden. Nun schichtweise in einer geeigneten

Form die Auberginen und den Käse einschichten. Obenauf liegt der Ziegenkäse. Sie können auch noch etwas Mozzarella oben auflegen. Der fließt so schön. Die Auberginenlasagne ist nach etwa 20 Minuten im vorgeheizten Umluftofen bei 170°C fertig zum Anrichten.

Währenddessen die gewürfelte in einem Topf zusammen mit Olivenöl, Salz, Zucker, Pfeffer, Knoblauch und den Basilikumstielen aufkochen. Nach 15 Minuten Stiele und Lorbeerblatt entfernen und die Sauce mixen. Zum Schluss mit dem fein gehackten Basilikum verfeinern.

Auf großem Teller die Tomatensugo verteilen. Die Lasagne in die Mitte setzen und mit einem Basilikumsträußle verzieren.

Dieses Gericht schmeckt nicht nur Vegetariern – versprochen!

Dazu passen Salzkartoffeln oder Vollkornreis.

Getränkeempfehlung | Zum Empfang gibt es eine Vitaminspritze in Form von einem frisch gepressten Fruchtsaft. Am besten geeignet ist Blutorange. Am Tisch können Sie es mit einem Grauburgunder eines Biowinzers versuchen. Wenn das nicht funktioniert: Bionade geht immer!

Der sehnsüchtige Süße

Auf der Suche nach Geborgenheit

Sie sind etwas überrascht, als der neue Kollege Sie in der Cafeteria fragt, ob er das Schokokekschen haben kann, das neben Ihrem Cappuccino auf dem kleinen Tablett liegt. »Haben Sie denn keines bekommen?«, fragen Sie etwas begriffsstutzig. Doch, aber er hat es schon gegessen. Und weil er sich so nett für das Kekschen bedankt, beschließen Sie, ihn etwas genauer in Augenschein zu nehmen. Beim Essen hat er das halbe Schnitzel zurückgehen lassen, obwohl es gar nicht so schlecht war. Dafür hat er sich zum Dessert zweimal Pudding genommen und die Schälchen genussvoll ausgekratzt. Aha: ein Süßer!

Süße Speisen sind reich an Kohlenhydraten und Zucker ist Kohlenhydrat in seiner reinsten Form. Zucker regt im Hirn die Ausschüttung von Serotonin an, einem Botenstoff, der zu Entspannung führt. Zucker macht also glücklich, ist ein Stimmungsaufheller, verhindert Depressionen, hilft bei Liebeskummer und kann sogar süchtig machen. »Schokolade«, sagt die amerikanische Psychologin Alexandra W. Logue, »spricht unsere ererbte Süßpräferenz an und löst starke und angenehme Sinnesempfindungen aus.« Auch enthält Schokolade Koffein und wirkt damit anregend. Logue: »Eine Tafel halbbittere Schokolade enthält ungefähr so viel Koffein wie eine Tasse Tee.«

Die Geschmacksknospen auf unserer Zunge können nur sauer, salzig, bitter und süß unterscheiden. Das war in der Entwicklungsgeschichte der Menschheit überlebensnotwendig, denn der Geschmack war nicht zu unserem Vergnügen bestimmt, sondern wurde für

die richtige Einordnung von frischen oder verdorbenen, nutzlosen oder energiehaltigen Nahrungsmitteln benötigt. Daraus entwickelte sich eine angeborene Vorliebe für Süßes (Süßpräferenz) und eine Abneigung gegen Bitteres (Bitteraversion), die man beide schon bei Babys nachweisen kann. Im Laufe des Lebens können sich solche Vorlieben freilich ändern oder sogar ins Gegenteil verkehren: Manche lieben Chicorée gerade wegen seiner Bitterstoffe, manche kann man mit kandierten Früchten vergraulen.

»Süße« sind ihrer Süßpräferenz treu geblieben. Vielleicht verbirgt sich dahinter eine Suche nach Geborgenheit, vielleicht eine Sehnsucht nach der warmen, süße Milch spendenden mütterlichen Brust. Auch überforderte Menschen, unglückliche und einsame lieben Zucker, Schokolade & Co. Und weil das mit dem Zucker laut geltender Wissenschaft tatsächlich funktioniert, werden Süßigkeiten gerne auch als Belohnung für besondere Leistungen verwendet. Was dem einen die Zigarette oder seine Tasse Kaffee, ist dem anderen die Tafel Schokolade, das Vanilleeis, das Fruchtbonbon. Dafür muss man nicht hungrig sein – Süßes streichelt die Seele.

»Süße« lieben zwar den Zucker, müssen selbst aber durchaus nicht süß sein. Wie alle anderen auch, können sie einem den Tag versalzen, bittere Schläge austeilen und saure Stunden bereiten. Aber Sie haben sich in Ihren Süßen ja nicht wegen seiner Nahrungspräferenzen verguckt, sondern weil Sie was ganz anderes von ihm wollen. Deshalb müssen Sie dem kleinen Schleckermaul jetzt kräftig Honig um den Bart schmieren und extra für ihn eine Süßspeise bereiten, auf die er fliegt wie die Biene auf den Nektar. Um ihn (es sind eher Männer, die auf Süßes stehen, weniger Frauen) glücklich zu machen, laden Sie ihn zu einem selbst gemachten und schwer zuzubereitenden Gericht ein. Je aufwändiger, desto besser kommt es an, denn Süße wollen ja nicht nur etwas zum Essen, sondern vor allem auch hingebungsvolle, ungeteilte Zärtlichkeit. Süßes als Hauptgericht ist eine Herausforderung, zumal es hier große regionale Unterschiede gibt.

Rezeptempfehlung für den sehnsüchtigen Süßen

Dampfnudeln mit hausgemachter Vanillesoße und Birnenkompott

Zutaten für die Dampfnudeln

- 500 g Mehl
- 1 Würfel Hefe
- 150 g Butter
- 100 g Zucker
- 150 ml lauwarme Milch
-   etwas Salz

Zubereitung | Sie machen den Hefeteig wie beim Rezept Zwetschgenkuchen (siehe Seite 62). Auch ordentlich gehen lassen.

Nun einen Bratentopf ordentlich mit Butter bestreichen und Zucker einstreuen. Den Hefeteig in gleich große Klöße formen und in die Form einsetzen. Mit Eigelb bestreichen. Die Form für etwa 40 Minuten in den vorgeheizten Backofen bei 180°C geben und dann mit ¼ Liter Milch auffüllen. Bei kleiner Hitze auf der Herdplatte zugedeckt eine halbe Stunde garen (aufdampfen) lassen. Vorsicht! Ja nicht den Deckel vorher heben, sonst fällt die ganze Pracht in sich zusammen.

Zutaten für die Vanillesoße

100 ml Milch
100 ml süße Sahne
100 g Zucker
1 Vanilleschote
4 Eigelb

Zubereitung | Milch, Sahne, Zucker und das Mark der Vanilleschote zum Kochen bringen. Zusammen mit der ausgekratzten Schote etwa 10 Minuten köcheln lassen. Dann die Vanilleschote herausnehmen. Die Eigelbe mit etwas Milch verrühren und unter ständigem Rühren in die Soße einrühren. Falls die Soße Ihnen nicht dick genug ist, rühren Sie noch etwas Mondamin unter.

Zutaten für das Birnenkompott

6 reife Birnen
¼ l trockener Weißwein
100 g Zucker
4 cl Birnenschnaps

Zubereitung | Die Birnen schälen, vierteln und vom Kerngehäuse befreien. In einem Topf zu gleichen Teilen Weißwein und Wasser mit dem Zucker zum Kochen bringen. Die Birnenschnitze einlegen und kurz aufkochen lassen. Im Topf erkalten lassen, dann sind sie genau richtig! Nicht verkocht und nicht zu hart. Am Schluss noch den Schnaps dazugeben.

Achtung: Den Schnaps nicht vorher zugeben, denn beim Kochen verlieren sich Alkohol und Geschmack – und das wäre schade!

Die Dampfnudeln nun aus dem Topf nehmen, auf den Tellern anrichten und die Vanillesoße drum herum gießen. Die Birnen und die Soße noch separat auf den Tisch stellen. Zusätzlich sollten Sie noch Puderzucker bereitstellen. Zum ordentlich über die Nudeln streuen.

Ihr sehnsüchtiger Süßer wird bei jedem Bissen noch süßer!!

Getränkeempfehlung | Als Aperitif empfehlen wir einen prickelnden süßen Muskateller, zum Beispiel aus dem Unterland. Um Ihren süßen Gast noch geschmeidiger zu machen, schenken Sie zum Essen einen Eiswein ein, und Ihre Charmeoffensive wird belohnt werden. Ein wohliges Gefühl stellt sich ein und Ihr Partner ist zu allem fähig!

Der oberscharfe Macho

Ein gutartiger Masochist

Die Grillpartys bei dem Jungunternehmer in der Nachbarschaft sind berühmt. Eine Villa mit eigenem Pool, jede Menge interessante Leute, Lampions, tolle Stimmung und Leckereien, von denen Normalsterbliche nur träumen können. Sie konnten es kaum glauben, als die Einladung in Ihrem Briefkasten lag – Sie kennen den Mann ja kaum. Aber Sie ziehen vorsichtshalber Ihre italienischen Pumps an und den schärfsten Fummel, den Sie im Schrank finden können.

Als Sie – natürlich mit Absicht – etwas zu spät ankommen, ist die Party schon in vollem Gange. Sie stehen ein bisschen verloren herum, doch da kommt schon der Gastgeber mit großem Hallo und ausgebreiteten Armen auf Sie zu. Er führt Sie zum Grill, wo er Ihnen sofort einen Teller verschwenderisch mit Spareribs und Riesengarnelen füllt. Sein eigener Teller strotzt vor verschiedenen roten Pasten und auf seinem Steak sind mehr Pfefferkörner als in Ihrer Mühle zu Hause. Er lacht, als Ihnen bei einem winzigen Dipp in die harmlos aussehende Soße auf Ihrem Teller der Schweiß ausbricht, leckt den Löffel mit Habanero-Paste ab, ohne eine Miene zu verziehen. Dann erzählt er von seinen Hobbys: Bungee-Jumping, Free-Climbing, Canyoning. Kein Zweifel – der Typ hat was. Sie laden ihn zum Essen ein.

Eigentlich reagiert der Körper auf Speisen mit scharfem oder bitterem Geschmack eher ablehnend, weil sie dem Gehirn signalisieren, dass es sich um verdorbene Nahrung handelt. Und tatsächlich sind es dieselben Geschmacksknospen auf der Zunge, die auf scharfe Speisen

wie auch auf Verbrennungen reagieren. Der im Chili enthaltene Wirkstoff Capsaicin aktiviert ein Hitzegefühl, das mit gerade noch erträglichem Schmerz vergleichbar ist. Nicht umsonst wird im Englischen Scharfes als »hot« bezeichnet. Weil aber Chili, Pfeffer, Ingwer, Rettich, Senf, Nelken & Co. eine ausgesprochen positive Wirkung auf Verdauung und Durchblutung haben, weil sie wertvolle Vitamine enthalten und das Risiko von Herzinfarkt, Magengeschwüren und Darmkrebs vermindern, hat der Mensch – vor allem in bestimmten Kulturkreisen – sein Gehirn positiv umprogrammiert. Und noch etwas Weiteres passiert beim Verzehr von scharfen Gewürzen: Weil der Körper sich in Not glaubt, schüttet er körpereigene Morphine aus, sozusagen selbst produziertes Morphium, nach dem man ebenso süchtig werden kann. Nochmal steigern kann man dieses wohlige Schärfegefühl, wenn man zum Essen ein kohlensäurehaltiges Getränk zu sich nimmt: Es sind dieselben Rezeptoren auf der Zunge, die auf scharfe Gewürze wie auch auf Kohlensäure reagieren.

Menschen, die der Schärfe allzu sehr verfallen sind, haben oft Probleme mit ihren Gefühlen. Schmerz ist für sie gleichbedeutend mit Gefühl. Sie brauchen starke Reize, um eine Reaktion zu spüren. Sie sind, wie der amerikanische Psychologe Zuckermann meint, immer auf der Suche nach einem neuen Kick, nach Sensationen, sozialen Abenteuern, physischen Gefahren und physischem Thrill. Sie haben Pep – können aber oft mit ihren Gefühlen schlecht umgehen. Und sie neigen zur Angeberei. Wenn sie nicht gerade gefühlskalt sind, verbirgt sich hinter der rauen Schale ein empfindlicher, fast übersensibler Mensch, der seine tatsächlichen Empfindungen lieber mit großen Gesten überspielt, als sie zu zeigen. »Oberscharfe Machos« sind sehr häufig Männer. Aber auch Frauen auf der Suche nach einem starken Gefühl greifen zur Chilischote. Der amerikanische

Ernährungspsychologe Paul Rozin nennt das »eine gutartige Form des Masochismus«.

Rezeptempfehlung für den oberscharfen Macho

Rumpsteak mit Ofenkartoffeln und Chiliöl

Der Scharfe muss eine Plattform haben, um beweisen zu können, dass er es noch viel schärfer verträgt. Er muss damit angeben können. Und als Macho braucht er jedenfalls Fleisch. Beispielsweise ein Rumpsteak, das er »blutig« bestellt, weil er nicht zugeben kann, dass er das Blutige eigentlich gar nicht mag. Dazu Ofenkartoffel mit Chilicreme.

In einer Extra-Schale liegen die superscharfen Habanero-Chili, damit er sich jederzeit bedienen kann. Auch die Chilipaste darf er sich selber aufs Fleisch schmieren.

Zutaten

- 2 x 300 g Roastbeef (vom Metzger abgehangen) (Anmerkung: Sie zwingen sich selbst, 300 g Fleisch zu essen, es lohnt sich!)
- 2 große Kartoffeln
- 1 Becher Sauerrahm
- 1 Bund Schnittlauch
- 6 scharfe Chilis
- 100 g Olivenöl
- 6 Zehen Knoblauch
- Salz, Pfeffer

Zubereitung | Die Kartoffeln in der Schale eine ¾ Stunde kochen. Noch nass in Salz wenden und in Alufolie wickeln. Im Ofen warm halten.

Den Sauerrahm mit geschnittenem Schnittlauch, Salz und Pfeffer würzen.

Die Rumpsteaks werden plattiert, aber nicht zu dünn! Und in gestoßenem schwarzen Pfeffer gewendet. In einer Pfanne bei großer Hitze auf beiden Seiten 4 Minuten kräftig anbraten und dann würzen.

In der Zwischenzeit die Chilis – mit den Kernen, ganz wichtig, denn da steckt die Kraft der Schärfe – klein hacken, Knoblauch schälen und durch die Knoblauchpresse drücken. Chilis, Knoblauch, ein wenig Salz mit Olivenöl zu einer leckeren, verführerischen Paste vermengen und im Schälchen auf den Tisch stellen.

Die Ofenkartoffel aus dem Ofen nehmen, in der Mitte zerteilen, auf einen großen Teller setzen und die Sauercreme einfüllen. Das medium gebratene Steak dazugeben und servieren.

Cremt er sein super gebratenes Steak mehrmals mit dem Chiliöl ein, wird es ein perfekter Abend und Ihr Traumpartner wird Sie für immer lieben.

Getränkeempfehlung | Am besten passt ein kaltes Weizenbier zum Empfang und zum Essen auch. Danach wäre dann ein hochprozentiger Rum angesagt. Der Rum löst auf angenehme Art etwas die Spannung und bringt die Gefühle Ihres Traumpartners zum Vorschein.

Der liberale Feinschmecker

Geld spielt keine Rolle

E igentlich wollten Sie nur ein paar Flaschen Wein für Ihren Geburtstag kaufen, doch in der Probierstube des kleinen, aber feinen Weingutes findet gerade eine hochkarätige Weinverkostung statt. Der Winzer hat Fachleute und Stammkunden eingeladen, um mit ihnen die ideale Zusammensetzung einer neuen Cuvée festzulegen. Mit dem Reagenzglas werden Fassweine abgemessen, Listen geführt, Meinungen eingeholt und Begriffe wie »Barrique«, »Restzucker« oder »stark astringierend« schwirren durch den Raum. Unter vielen Männern fällt Ihnen eine Frau ins Auge, die über eine starke Anziehungskraft verfügt. Sehr selbstbewusst äußert sie ihre Meinung, mit enormer Genauigkeit definiert sie die unterschiedlichen Aromen der Weine. Sie weiß genau, welcher Wein mit welchem Gericht harmoniert und gibt bei der letztendlichen Zusammensetzung der Cuvée auch den Ton an. Eine ungewöhnlich selbstsichere Frau mit ungewöhnlich sinnlichen Lippen. Sie laden Sie zu sich zum Essen ein.

Feinschmecker oder Gourmets legen laut der Psychologin Professor Dr. Gisela Gniech (»*Essen und Psyche*«) »Wert auf gute und frische Zutaten, exzellente Kochkunst, ästhetisches Ambiente und hervorragendes Essen«. Sie neigen zu erhöhtem Alkoholgenuss, sind aber kaum in Gefahr, Alkoholiker zu werden, weil sie weniger wegen der Wirkung als vielmehr wegen des Genusses trinken. Weil sie stets in Restaurants gehen, die gute Zutaten verarbeiten, weil sie allergrößten Wert auf einen gepflegten Service legen und weil sie am liebsten Spitzenweine bekannter Winzer trinken,

müssen sie zwangsläufig über ein höheres Einkommen verfügen. Da ihre Leidenschaften auch ihre sozialen Beziehungen dominieren, sind sie nur allzu häufig Singles.

Beim Essen lassen Feinschmecker sich viel Zeit und bestellen selten weniger als drei Gänge. Dass der Wein zum Essen passt, ist dabei Anlass für lange Erörterungen und ausführliche Diskussionen mit dem Sommelier, der die Zeit dafür gerne aufbringt. Da Feinschmecker häufig Hobbyköche sind, verfügen sie auch über praktisches Wissen, was die Zubereitung der Mahlzeiten angeht. Ihre durchweg liberale Haltung steht ihnen nicht im Wege, wenn es ums Essen geht: Da sind ihnen dann die gestopfte Leber oder der gequälte Hummer egal – Hauptsache, es schmeckt! Feinschmecker haben ein breites Allgemeinwissen, sind pflichtbewusst, gewissenhaft, weltoffen und laut Gisela Gniech häufig Atheisten. Was sie allerdings nicht sind, ist gesundheitsbewusst, denn der Genuss überlagert erfolgreich das schlechte Gewissen.

Jetzt haben Sie wahrscheinlich Angst vor der eigenen Courage bekommen. Wie wollen Sie noch toppen, womit sich schon Profiköche schwer tun? Aber keine Sorge. Viele Sterneköche, mit denen die Autoren gesprochen haben, sind traurig, weil sie im verängstigten Bekanntenkreis kaum noch zum Essen eingeladen werden. Dabei genießen sie doch nach all den verfeinerten Gerichten gerne auch mal einfache Speisen mit kräftigen Aromen. Eckart Witzigmann, ausgezeichnet als »Koch des Jahrhunderts«, fährt beispielsweise gerne ins Schwäbische, um dort mal wieder einen Teller Saure Kutteln zu essen. Harald Wohlfahrt, der sich in der Traube-Tonbach in Baiersbronn regelmäßig drei Michelinsterne erkocht, steht auf Gaisburger Marsch, und wenn Alfred Klink, Sternekoch aus Freiburg, seine mittlerweile 96-jährige Mutter besucht, kocht sie ihm eine seiner alten Lieblingsspeisen: Linsen mit Spätzle oder

Kaiserschmarren. Aber gehen wir kein Risiko ein: Wir haben ein Rezept für Sie vorbereitet, das der Dame mit den sinnlichen Lippen leicht über dieselben gehen wird und trotzdem kochbar ist.

Rezeptempfehlung für den liberalen Feinschmecker

Stopfleber, Branzino auf Rucolasalat, Morchelrisotto, Perlhuhnbrust, Crème brûlée

Wenn Sie sich auch mal an schwierige Gerichte wagen, ist Ihnen die Anerkennung eines Feinschmeckers sicher, ebenso wie ein längeres und leidenschaftliches Tischgespräch über das Essen. Das enthebt Sie schon der gelegentlich peinlichen Suche nach einem Gesprächsstoff.

Auf jeden Fall sollten Sie vier Gänge kochen und dafür nur gute Produkte einkaufen. Beginnen Sie mit einer kalten Vorspeise wie Kaviar mit Crème fraîche oder Stopfleber (auch wenn Ihnen das eigentlich widerstrebt). Dann empfehlen wir einen kleinen Fischgang mit Nudeln oder alternativ Nudeln mit Trüffeln. Zum Hauptgang servieren Sie eine ganze, im Ofen gebratene Wachtel mit Rosmarin auf feinen Alblinsen. Danach ein klassisches Dessert wie Crème brûlée.

Wenn die Zeit zu knapp ist: Als Vorspeise Knoblauchgarnelen auf weißen Bohnen, dann einen schönen Schmorbraten auf Trüffelpolenta, zum Abschluss beispielsweise ein Tiramisu.

Für dieses Menü brauchen Sie viel Zeit und auch Geld. Sie gehen am besten in einen Feinkostladen und lassen sich ein wenig inspirieren von den Lebensmitteln der Jahreszeit. Ein Fischgang sollte auf jeden Fall im Menü erscheinen und dann natürlich ein schönes Fleisch mit Gemüse und ein süßer Abschluss. Kaufen Sie am besten noch ein paar teure Pralinen zum Kaffee – das setzt noch einen obendrauf!

Sie sollten auch beim Zusammenstellen des Menüs unbedingt darauf achten, dass Sie viele Dinge schon vor dem Date herrichten können. »Mise en place ist das halbe Leben«, sagen die Profiköche. Denn was nützt Ihnen ein super Menü, wenn Sie den ganzen Abend in der Küche stehen und Ihr zukünftiger Lover oder Ihre angebetete Prinzessin sitzt gelangweilt am Esstisch.

Beispiel für ein viergängiges Menü, das Spaß macht – auch Ihnen!

Zutaten für einen Branzino auf Rucolasalat mit Pinienkernen, Oliven und Kirschtomaten

---

    4 Branzinofilets (schon geschuppt)
      Olivenöl
    1 Schale Rucolasalat
    6 Kirschtomaten
    6 Oliven schwarz, ungeschwärzt
1 EL Pinienkerne
    1 Knoblauchzehe
    4 Kapernfrüchte
    2 Limonen
    1 Bund Blattpetersilie
      Etwas Mehl, Meersalz, Pfeffer aus der Mühle

Zubereitung | Die Branzinos salzen und in Mehl wenden. Den Rucola waschen und auf schöne große Teller verteilen (das können Sie schon vorbereiten) und Limonensaft darüberträufeln. Den Branzino in einer Pfanne mit Olivenöl auf der Hautseite scharf anbraten, nach 4 Minuten wenden, Flamme zurückdrehen und noch 2 Minuten mit frischer Butter garziehen lassen. Filets mit der Haut nach oben auf den Salat setzen.

    In der Pfanne nun die Pinienkerne, Oliven, Kirschtomaten, Knoblauch und gehackte Petersilie kurz in etwas Butter durchschwenken und auf dem Fisch verteilen. Als Garnitur noch die Kapernfrüchte auf dem Teller verteilen.

    Dazu passt ein warmes Baguette und zum Trinken ein leichter Weißburgunder aus dem Taubertal.

Als Zwischengang empfehlen wir ein **Morchelrisotto mit altem Parmesankäse:** das ist schick und lässt sich gut vorbereiten.

Zutaten für das Morchelrisotto

200 g Risottoreis (Arborio)
50 g Morcheln (getrocknet)
1 Zwiebel
50 g Butter
Cognac, Salz, Pfeffer, Muskatnuss
100 g Parmesankäse
200 ml Weißwein

Zubereitung | Die Morcheln einweichen, herausnehmen und gut abbrausen, denn sie sind oft sandig. Die Morcheln klein hacken. Zwiebelwürfel in einem kleinen Topf mit Olivenöl glasig dämpfen. Die Morcheln hinzugeben und mit 2 cl Cognac ablöschen. Den Reis dazugeben und nach und nach 400 ml Flüssigkeit (Weißwein und Morchelwasser) hinzugeben. Kurz vor Schluss die Hälfte des Parmesankäses einreiben und Butter dazu, kräftig rühren. In heißen tiefen Tellern servieren. Am Tisch nochmals Parmesan über den Risotto reiben. Eventuell noch die Pfeffermühle bereithalten.

Dazu passt ein kräftiger Roséwein aus dem Freiburger Raum, trocken ausgebaut oder ein Schiller im Barriquefass vergoren.

Zum Hauptgang bereiten wir eine **Perlhuhnbrust mit Rosmarin aus dem Ofen und südländisches Gemüse**

Zutaten für die Perlhuhnbrust
___

2 Perlhuhnbrüste
1 Zweig Rosmarin
  Olivenöl
1 rote Paprika
1 gelbe Paprika
1 Fenchel
1 Zucchini
  Etwas Mehl, Salz, Zucker, Pfeffer aus der Mühle

Zubereitung | Die Perlhuhnbrüste haben die optimale Größe für ein mehrgängiges Menü. Den Flügelknochen komplett vom Fleisch befreien und das Filet auch auslösen. Salzen und pfeffern und in Mehl wenden. In Olivenöl anbraten. Ofen auf 170°C vorheizen und die Perlhuhnbrüste für etwa 15 Minuten mit dem Rosmarinzweig garen. Den Fenchel putzen und halbieren, vom Strunk befreien und in Salzwasser etwa 15 Minuten blanchieren. Die Paprika schälen und putzen. Die Zucchini in längliche Scheiben schneiden. Das Gemüse wird in Olivenöl von beiden Seiten angebraten und gewürzt mit Salz und Pfeffer. Gemüse fächerförmig auf Tellern verteilen. Die Brust schräg aufschneiden und mit der Hautseite nach oben auf das Gemüse setzen. Den Rosmarinzweig als Garnitur ins Fleisch stecken.

Das Gericht ist super saftig und kommt auch ohne Soße aus. Schick und sehr passend sind noch ein paar Spritzer Balsamicocreme.

Zu diesem mediterranen Gericht passt ein Merlot, beispielsweise aus dem Remstal, perfekt!

Zum Abschluss eine **Crème brûlée mit Walnusseis.** Ein Klassiker, aber wenn es gut gemacht ist – unschlagbar!

Zutaten für die Crème brûlée

- ¼ l Milch
- 2 Eier
- 1 Eigelb
- 40 g Zucker (echter Vanillezucker)
- Walnusseis, Mangospalten

Zubereitung | Alle Zutaten vermischen. In Förmchen füllen, eine Cappuccinotasse tut's auch. Einen Bräter mit Wasser füllen und den Ofen auf 140°C Umluft vorheizen. Wenn der Ofen heiß ist, die gefüllten Förmchen in den Bräter stellen und etwa 45 Minuten indirekt pochieren. Lässt sich auch gut einen Tag vorher zubereiten.

Vor dem Servieren auf die angewärmte Crème Rohzucker streuen und mit einem Bunsenbrenner (gibt es im Baumarkt) abflammen.

Das Förmchen auf einen großen Teller stellen und gutes Walnusseis dazu servieren. Mit Früchten wie beispielsweise Mangospalten garnieren. Voilà! Perfekt passt dazu eine Kerner Auslese.

Wie dieses Buch entstand

Es gibt Bücher, deren Handlung der Phantasie des Autors entspringt: Romane beispielsweise. Und es gibt Bücher, die uns die Welt erklären: Sachbücher. Ein Buch, das Menschen nach ihren kulinarischen Vorlieben charakterisiert, scheint eher der ersten Kategorie anzugehören: viel Phantasie mit einer Prise Esoterik und einem Schuss Hokuspokus. Aber tatsächlich ist dieses Buch aus der Praxis heraus entstanden, aus der ganz realen Erfahrungswelt von Service- und Küchenpersonal in der gehobenen Gastronomie Süddeutschlands.

Wer über Jahre hinweg Tausende von Menschen bedient wie Steve Fraulob, Oberkellner im Restaurant »Lamm« in Remshalden-Hebsack, muss einen geschulten Blick für seine Gäste haben. Eigentlich muss ein begabter Kellner sogar eine Mischung aus Psychologe, Pädagoge und liebevollem älteren Bruder sein, der den Blick seiner Gäste unaufdringlich zu jenen Gerichten und Getränken lenkt, die ihnen auch tatsächlich schmecken. Schließlich ist es sein Job, dem Gast die Wünsche von den Augen abzulesen. Auf dass er das Lokal am Ende zufrieden, wenn nicht gar glücklich, verlässt und gerne wieder kommt.

Steve Fraulob hat immer wieder dasselbe Phänomen erlebt: »Schon wenn sie das Restaurant betreten, weiß ich bei vielen Gästen, was sie gleich bestellen werden.« Und er geht sogar ins Detail: »Es ist beispielsweise ein ganz anderer Frauentyp, der ein kleines Schweinelendchen bestellt, als derjenige, der ein normales verlangt.« So wurde der Oberkellner im Laufe eines langen Diskussionsabends zum Ideengeber dieses Buches. Seine Erfahrungen wurden umfassend ergänzt und ausgearbeitet von Markus Polinski, dem Patron und Küchenchef des »Lamm«. Wissenschaftlich

unterfüttert und in Worte gefasst hat sie der Autor und Redakteur Andreas Krohberger. Er ist dafür tief in die faszinierende Welt der Psychologie des Essens eingetaucht. Zusammen haben sie schließlich ein Dutzend Ess-Typen charakterisiert, die sich klar abgegrenzt bestimmten Gerichten, Produkt- oder Würzgruppen sowie anderen kulinarischen Vorlieben zuordnen lassen.

So will dieses Buch etwas Ordnung in die unübersichtliche Welt der Esser bringen und gleichzeitig ein Ratgeber sein für jene, die einen dieser Ess-Typen zu Hause bekochen wollen. Vielleicht, weil sie ihm imponieren wollen, vielleicht, weil sie sich in ihn verliebt haben oder vielleicht, weil sie ihn schon seit Jahren lieben. Und ihm – oder ihr – eine Freude machen wollen.

Mit leichter Hand und frechen Ideen besorgte Gisela Pfohl aus Weinstadt die Illustrationen und sorgte dafür, dass die durchaus begründeten Charakterstudien nicht ganz so bierernst herüberkommen. Schließlich soll der Spaß an der Freud das Essen ebenso wie die Liebe würzen!

Für Genießer

In Ihrer Buchhandlung

Rolf Maurer

Spitzkraut, Landschwein, Höri-Bülle

Gaumenfreuden aus Baden-Württemberg wiederentdeckt. Mit zahlreichen Rezepten von Meisterköchen

Höri-Bülle, Alb-Linse, Hinterwälderrind – alte, wiederentdeckte Gaumenfreuden liegen im Trend. Mit der Rückbesinnung auf regionale Produkte finden diese alten Obst-, Gemüse- und Getreidesorten sowie Nutztierrassen inzwischen viele Liebhaber. Kenntnisreich und unterhaltsam erzählt der Fernsehjournalist Rolf Maurer von der spannenden (Kultur-)Geschichte der so genannten Renaissance-Lebensmittel aus Baden-Württemberg. Gleichzeitig zeigen Spitzenköche an ausgewählten Rezepten, wie sich Höri-Bülle & Co. zu tollen Gerichten verarbeiten lassen.

*136 Seiten, 103 Farbaufnahmen, fester Einband.
ISBN 978-3-8425-1100-2*

www.silberburg.de